AF385072

COLLECTION

DE

L'ABORDAGE MARITIME

LÉGISLATION, DOCTRINE, JURISPRUDENCE

PAR

F. C. AUTRAN

AVOCAT AU BARREAU DE MARSEILLE
DOCTEUR EN DROIT, LICENCIÉ ÈS LETTRES

————+×+————

PARIS

CHEVALIER-MARESCQ ET Cⁱᵉ, LIBRAIRES-ÉDITEUR

20, RUE SOUFFLOT, 20

1890

DROITS DE TRADUCTION ET DE REPRODUCTION RÉSERVÉS

ODE INTERNATIONAL

DE

GE MARITIME

CODE INTERNATIONAL

DE

L'ABORDAGE MARITIME

IMPRIMERIE LEMALE ET Cie, HAVRE

CODE INTERNATIONAL

DE

L'ABORDAGE MARITIME

LÉGISLATION, DOCTRINE, JURISPRUDENCE

PAR

F. C. AUTRAN

AVOCAT AU BARREAU DE MARSEILLE
DOCTEUR EN DROIT, LICENCIÉ ÈS LETTRES

———— ┤ × ├ ————

PARIS

CHEVALIER-MARESCQ ET Cⁱᵉ, LIBRAIRES-ÉDITEURS

20, RUE SOUFFLOT, 20

—

1890

PRÉFACE

Avant l'apparition de la marine à vapeur, les rencontres en mer étaient fort rares et donnaient lieu plus rarement encore à des catastrophes. Les abordages ne se produisaient guère qu'à l'entrée ou à la sortie des ports, dans des manœuvres de rade, et n'entraînaient le plus souvent que des avaries de médiocre importance.

Aujourd'hui les navires, ne demandant plus leur force motrice aux vents ou aux courants, se croisent à chaque instant, suivant les besoins de leur route. Chacun d'eux prend la plus courte pour gagner du temps, pour économiser du charbon, et dans certains parages frequentés, quand on songe aux difficultés que présente la navigation la nuit, en temps de brouillard, on est surpris de ne pas trouver plus élevé le chiffre des sinistres, si considérable qu'il soit.

La dimension des vapeurs augmente chaque année, ce qui en rend la manœuvre plus difficile ; leur vitesse commandée par l'intérêt, stipulée pour les services postaux, exagérée par la concurrence, augmente leur force d'impulsion. Aussi ne faut-il pas s'étonner si dans de semblables conditions, c'est généralement au dernier moment que l'on aperçoit le danger, quand il est inévitable, quand il est impossible d'en atténuer les conséquences.

La collision en pleine mer, ce danger inaperçu du législateur d'autrefois, car le Code de 1807 ne fait que reproduire l'Ordonnance de 1681, est à l'heure actuelle le plus redoutable péril de la navigation à vapeur. A chaque instant de nouveaux sinistres se produisent, des navires, des cargaisons ayant une valeur considérable sont engloutis, sans parler de ces catastrophes douloureuses où périssent des centaines de passagers et de matelots.

La substitution de la marine à vapeur à la marine à voiles a produit, au point de vue juridique spécial qui nous occupe, une autre révolution. Ainsi que nous venons de le rappeler, l'abordage se produisant autrefois dans les ports ou à leurs approches, c'était généralement le tribunal de ce port qui était saisi de la demande en réparation de l'avarie, et les capitaines pouvaient agir sans difficulté suivant la loi du pays où ils se trouvaient.

Les abordages en pleine mer entre navires de nationalités différentes ont donné lieu à des conflits de lois qui fournissent de nombreux sujets aux controverses, mais qui lèsent les intérêts engagés dans les opérations maritimes de la manière la plus grave.

Étant données les innombrables complications des rapports qui existent entre le navire, le fret, la marchandise, les assurances, on peut pressentir le chaos juridique au milieu duquel on se débat, en cas de sinistre de cette nature, quand il s'agit de déterminer les personnes responsables et suivant quelle loi sera appréciée cette responsabilité.

Il s'en faut que toutes les législations résolvent ces questions de la même manière, et par conséquent suivant que le tribunal de tel ou tel pays sera saisi, suivant que telle ou telle loi sera appliquée, la solution peut être absolument différente.

Mais c'est surtout quand il s'agit d'apprécier les formalités que les personnes lésées ont à remplir pour conserver leurs droits à des dommages-intérêts, s'il y a lieu, quand il faut fixer le délai dans lequel ces personnes ont été tenues d'agir, que les difficultés s'accumulent, et que certaines exigences de la jurisprudence aboutissent à de véritables dénis de justice.

Tantôt c'est un capitaine autrichien qui abordé par un français et relâchant en Espagne, verra sa demande devant un tribunal français repoussée, parce qu'un avocat espagnol lui aura conseillé, dans l'ignorance de la loi française, de protester seulement suivant la loi du pays de relâche, sans signifier sa protestation.

Tantôt ce sera un capitaine anglais qui abordé au Chili par un navire hollandais plus tard saisi en France où les hasards de la navigation l'auront conduit, ne pourra pas agir utilement faute d'avoir introduit sa demande en justice devant un tribunal français dans le mois du sinistre. Pouvait-il deviner que la loi française serait jamais applicable en pareille occurrence ?

On pourrait multiplier à l'infini ces exemples qui démontreraient qu'en l'état des relations internationales actuelles, le monde en est encore à l'état de barbarie au point de vue juridique maritime.

Et que l'on ne nous dise pas que l'ensemble de prescriptions et de fins de non-recevoir surannées, conservées par notre code, constitue une protection pour nos nationaux.

Ainsi que le faisait si justement remarquer M. de Courcy en présence de la différence entre les législations, « un navire français, qui se sera trouvé en colli-« sion avec un navire anglais, n'est jamais, si celui-ci a « éprouvé quelque dommage, à l'abri d'une saisie dans « un port anglais. Il est guetté par les intéressés, réduit « à s'interdire de fréquenter les ports de l'Angleterre, « ou de ses colonies, même de s'y réfugier en cas de « péril. Si c'est, au contraire, le navire français qui a « subi des avaries dans la collision, et que par igno-« rance, conseil erroné donné au capitaine par un « homme de loi étranger, la protestation n'ait pas été « signifiée dans les vingt-quatre heures, le navire abor-« deur profitera de la forclusion, fréquentera librement « nos ports, sous les yeux des intéressés, échappant à « tout recours ».

Mais nous allons plus loin.

En dehors des armateurs français, il convient de se préoccuper des chargeurs, des assureurs français dont les intérêts sont souvent confiés à des capitaines étrangers, et qui ont vu disparaître la possibilité d'exercer un recours utile contre l'abordeur, à raison de l'ignorance à coup sûr excusable où ce capitaine était de la loi française.

Justement ému de cette situation qui produit des résultats absolument iniques, le gouvernement de S. M. le Roi des Belges a pris l'initiative de réunions où, après des discussions approfondies, on a formulé des règles dont l'application serait un progrès immense sur l'état de choses actuel. Malheureusement les Congrès internationaux d'Anvers et de Bruxelles n'avaient aucun caractère officiel, et il faudra attendre de longues années sans doute pour que leurs résolutions reçoivent une sanction officielle, la seule intéressante au point de vue pratique.

Il nous a donc paru utile, à raison de l'importance des intérêts engagés dans le commerce maritime, de la fréquence des abordages, de la diversité des législations en semblable matière, de grouper en un seul recueil les documents législatifs qui la régissent dans les différents pays. Nous avons joint à ces textes ceux qui concernent la responsabilité des propriétaires de navires ainsi que les privilèges maritimes, dont la connaissance sera souvent nécessaire à la suite d'un sinistre. Nous avons présenté enfin sous la forme d'un code annoté un résumé de la doctrine ainsi que de la jurisprudence française et étrangère sur l'abordage et l'exécution des jugements étrangers.

Nous n'avons pas la prétention d'offrir au public une œuvre personnelle de science, un travail complet et définitif : notre seul espoir est d'être quelquefois consulté utilement. Nos recherches, souvent difficiles,

seront suffisamment récompensées, si elles rendent
plus facile la sauvegarde de droits qui, à l'heure
actuelle, ne sont pas suffisamment protégés par les lois,
mais dépendent en réalité des caprices des procédures,
et des variations de la jurisprudence.

BIBLIOGRAPHIE

Alauzet. — Comm. du Code de comm., VI, n° 2316 à 2323.

Alexander. — De l'exécution des jugements étrangers en Angleterre. *Journal du dr. intern. privé*, 1878, p. 22 et 1879, p. 516.

Aristarchi. — Législation ottomane ou Recueil des règlements, etc., de l'empire ottoman, par Aristarchi Bey (Grégoire), publiée par Demetrius Nicolaïdès. Constantinople, Nicolaïdès, 1873.

Asser et Rivier. — Éléments de droit international privé ou du conflit des lois, par T. M. C. Asser. Traduit, complété et annoté par Alphonse Rivier. Paris, Rousseau, 1884.

Autran (F. C.). — Revue internationale du droit maritime. Paris, Chevalier-Marescq et Cie, 1885-1889.

Beauchet. — Du dommage provenant de l'abordage dans le droit allemand. *Rev. intern. du. dr. marit.*, I, p. 183.

Bédarride. — Comm. du Code de comm., V. n° 1756 à 1781.

Benfante (G.). — L'urto di navi nel diritto storico, commerciale ed internazionale Torino, Ermanno Loescher, 1887.

Boistel. — Précis de droit commercial, p. 1302 à 1303.

Borchard. — Die geltende Handelgesetze des Erdballs gesammelt und in das Deutsche uebertragen. Berlin, Decke's Verlag., 1885-87.

Buret (Daniel). — L'abordage maritime. Étude de droit international et de droit comparé (thèse). Paris, 1888.

Buzzati (G. C.). — L'urto di navi in mare, studio di diritto internazionale privato. Padova, Drucker e Senigaglia ; Verona, Carlo Drucker, 1889.

Camberlin. — Journal des tribunaux de commerce. Paris, Chevalier-Marescq et Cie.

Cauchy. — Le droit maritime international.

Caumont. — Dictionnaire universel de droit maritime. Paris, Durand, Marescq. Guillaumin ; Bruxelles, Bruylant-Christophe, 1867.

Clunet (E.). — Journal du droit international privé. Paris, Marchal Billard, 1874-1889.

Clunet (E). — Abordage dans les eaux étrangères entre un navire de guerre et un navire marchand de nationalité différente. (*Journal du dr. intern. privé*, 1888. p. 226.)

Code de commerce du royaume de Belgique.

Code de commerce Égyptien. Le Caire, imprimerie Barbier, 1883.

Code de commerce du royaume d'Italie de 1882, traduit dans la *Revue intern. du dr. marit.*, I et II.

Code de commerce Néerlandais, traduit par M. Tripels, avocat à Maestricht. Maestricht, Germain et Cie, 1886.

Code de commerce du royaume de Roumanie, traduction de M. Blumenthal, avocat à la Cour d'appel de Paris. Paris, Pichon, 1889.

Codigo commercial do imperio do Brazil, tome XII, partie de la collecção des leis do imp. do Brazil de 1850.

Code maritime Espagnol, traduit par MM. Jacobs et Ouwers, avocats à Bruxelles. Bruxelles, Ferdinand Larcier; Paris, Pedone-Lauriel, 1886.

Code maritime de la Finlande. Helsingfors, imprimerie de l'État, 1877.

Code maritime Portugais, traduit par M. Ouwerx, avocat à Bruxelles, paraîtra dans la *Revue intern. du dr. marit.*

Couder (Ruben de) — Dictionnaire de droit commercial, industriel et maritime. Paris, Chevalier-Marescq et C⁹, 1877-81.

Courcy (A. de). — Questions de droit maritime. Paris, Pichon, 1877-1887.

Dageville. — Code de commerce, t. III, p. 46 et t. IV, p. 531.

Delobre. -- Journal de jurisprudence commerciale et maritime de Marseille, fondé en 1820.

Deloynes. — Questions pratiques en matière d'abordage maritime. *Rev. critique*, T. VI, p. 581, 638; T. VII, p. 238.

Delvincourt. — Institutes de droit commercial, T. II, p. 272.

Desjardins (A.). — Traité de droit commercial maritime. Paris, Pedone-Lauriel. 1878-89.

Emérigon. — Traité des assurances.

Feraud-Giraud. -- De la compétence des tribunaux français pour connaitre des contestations entre étrangers. *Journal du dr. intern. privé*, 1880, p. 137, 224.

Fœlix. — Traité du droit international privé. Paris, Videcoq fils ainé, 1852.

Fresquet (de). -- Des abordages maritimes.

Gautté, Genevois et **Maublanc**. — Jurisprudence commerciale et maritime de Nantes.

Glasson. - De la compétence des tribunaux français, p. 11.

Grasso. — L'urto di navi nel diritto Italiano ed internazionale, *Archivio giuridico*, XXXVII, p. 213; XXXIX, p. 211.

Guerrand. — Recueil de jurisprudence commerciale et maritime du Havre.

Hoechster et **Sacré**. — Manuel de droit maritime français et étranger. Paris, Chevalier-Marescq et C⁹, 1876.

Imbart-Latour (J.). — La mer territoriale au point de vue théorique et pratique. Paris, Pedone-Lauriel, 1889.

Lachau (Ch.) et **Daguin** (Ch.). -- De l'exécution des jugements étrangers d'après la jurisprudence française. Paris, Larose et Forcel, 1889.

Laurent. — Le droit civil international. Bruxelles, Bruylant-Christophe; Paris, Chevalier-Marescq et C⁹, 1878.

Laurin sur **Cresp**. — Cours de droit maritime, T. IV, n° 52 et s.; 81 et s.; 91 et s.

Laurin. — De la responsabilité du capitaine en cas d'abordage quand il se trouve un pilote à bord, législation comparée. *Rev. intern. du dr. marit.*, I, p. 548.

Lewis. — Das Deutsche Seerecht. Leipsig, Duncker und Humblot. 1877-78.

Locré. — Législation civile, commerciale et criminelle de la France, T. IV, p. 450.

Lyon-Caen et **Renault**. — Précis de droit commercial. Paris, Cotillon, 1885.

Lyon-Caen. — Droit maritime international ; de l'abandon du na.ire et du fret (à la suite d'abordage). *Le Droit*, 8 juillet 1888.

Lyon-Caen. — Études de droit international privé maritime. *Journal du dr. intern. privé*, 1877, p. 479, 1882, p. 241, 488, 593.

Marsden. — A Treatise on the law of collisions at sea. London, Stevens and sons, 1885.

Michel. — De l'abordage.

Morton P. Henry. — The Jurisdiction and procedure of the Admiralty Courts of the United-States in civil causes. Philadelphia, Kay and Brother, 1883.

Ortolan (Th.). — Règles internationales et diplomatie de la mer. Paris, Plon frères, 1853.

Pabon. — Journal des arrêts de la Cour de Bordeaux.

Pandectes belges. — Répertoire publié sous la direction de M. Edmond Picard, v° Abordage et Collision des navires. Bruxelles, Ferdinand Larcier.

Pandectes françaises. — Nouveau répertoire de doctrine de législation et de jurisprudence, rédigé sous la direction de M. Rivière, par M. Robert Frémont, v° *Abordage*, T. I, p. 66. Paris, Chevalier-Marescq et Cie, 1886.

Pappafava. — De la mer territoriale et de la soumission des navires étrangers à la juridiction locale. *Journal du dr. intern. privé*, 1887, p. 441, 570.

Paulmier. — Des abordages maritimes, commentaire des articles principaux du règlement international de 1884. *Gaz. du Palais*, 17 mars 1888 ; *Journal de l'assurance et de l'assuré*, 1888, p. 225 ; *Rec. de dr. com.*, 1888, p. 359.

Pavitt. — De la compétence des Cours anglaises, particulièrement à l'égard des étrangers. *Journal du dr. intern. privé*, 1885, p. 505.

Perels (F.). — Manuel de droit maritime international, traduit par L. Arendt. Paris, Guillaumin.

Phillimore (Sir Walter). — Compétence des Cours anglaises en matière d'abordage entre navires anglais et étrangers. *Journal du dr. intern. privé*, 1886, p. 129.

Picard et Bonnevie. — Droit maritime. De l'abordage, de l'assistance et du sauvetage, des fins de non-recevoir. Études préliminaires et documents. Bruxelles, Larcier, 1885.

Rassegna di Diritto commerciale Italiano e straniero, par M. Fiore-Gioria, avocat. Turin, 1881-88.

Renault. — De l'exercice de la juridiction criminelle d'un État dans la mer territoriale. *Journal du dr. intern. privé*, 1879, p. 238.

Répertoire général alphabétique du droit français, publié sous la direction de M. Ed. Fuzier-Herman, par MM. A. Carpentier et G. Frérejouan du Saint, v° *Abordage*, T. I, p. 57. Paris, Société du recueil Sirey et Larose et Forcel, 1886.

Revue critique de législation et de jurisprudence. Paris, Cotillon et Cie.

Revue de droit international et de législation comparée. Bruxelles, Merzbach et Falk, 1869-1889.

Rossi (de). — Note relative au règlement de juridiction en matière d'abordage en pleine mer entre navires de différentes nationalités. *Journal du dr. intern. privé*, 1885, p. 410

St-Marc. — De l'abordage en droit espagnol. *Journal du dr. intern. privé*, 1888, p. 47.

Schffaener. — Entwikelung des Internationalen Privatrechts. Frankfurt a. M., 1841.

Selim (Adolphus). — Aperçu de la loi anglaise au point de vue pratique et commercial. Paris, Marchal Billard et Cie ; Bruxelles, Ferdinand Larcier, 1887.

Sibille. — Jurisprudence et doctrine en matière d'abordage.

Targa. — Sur le Consulat de la mer.

Travers Twiss (Sir). — Collision at sea. A scheme of international tribunals. *Law magazine and review*. Londres, nov. 1878.

Valin. — Commentaire de l'Ordonnance.

Valroger (de). — Commentaire théorique et pratique du Livre II du Code de commerce. Paris, Larose et Forcel, 1883-86.

Valroger (de). — De la responsabilité des propriétaires de navire ; Droit comparé. *Rev. intern. du dr. marit.*, II, p. 483.

Valroger (de). — Des clauses d'exonération au profit des propriétaires de navires. *Rev. intern. du dr. marit.*, V, p. 143.

Van Meenen et **Picard.** — Traité de l'abordage des navires sous l'empire des lois belges. Bruxelles, Larcier, 1885.

Van Santvoord (Cornelius). — Limitation of the liability of shipowners under the laws of the United-States. New-York, King Press, 1887.

Van Zuylen et **Spée.** — Jurisprudence du port d'Anvers et des autres villes commerciales et industrielles de la Belgique.

Westlake. — La doctrine anglaise en matière de droit international privé. *Journal du dr. intern. privé*, 1882, p. 312 et 1883, p. 5.

Wharton. — A Digest of international Law of the United-States. Washington, Lowdermilk and C°, 1888.

Vincent (R.) et **Pénaud** (Ed.). — Dictionnaire du droit international privé. Paris, Larose et Forcel, 1887.

Vincent (R.). — Revue du droit international privé de 1888. Paris. Larose et Forcel, 1889.

X. — Des classes de non garantie dans les connaissements aux États-Unis. *Rev. intern. du dr. marit.*, V, p. 150.

TEXTES DE L'ABORDAGE

France (Code de commerce de 1807).

Art. 407. — En cas d'abordage de navires, si l'événement a été purement fortuit, le dommage est supporté, sans répétition, par celui des navires qui l'a éprouvé. — Si l'abordage a été fait par la faute de l'un des capitaines, le dommage est payé par celui qui l'a causé. — S'il y a doute dans les causes de l'abordage, le dommage est réparé à frais communs, et par égale portion, par les navires qui l'ont fait et souffert. — Dans ces deux derniers cas, l'estimation du dommage est faite par experts.

Allemagne (Loi du 5 juin 1869).

Art. 736. — Quand deux navires s'abordent et que, de part et d'autre ou d'un côté seulement, soit le navire ou la cargaison, soit tous deux, se trouvent endommagés ou perdus, l'armateur de l'un des navires est tenu, dans les termes des articles 351 et 452, de réparer le préjudice causé par l'abordage au corps et à la cargaison de l'autre, si c'est la faute d'une personne de l'équipage de son navire qui a amené l'abordage.

Les propriétaires de la cargaison des deux navires ne sont pas tenus de contribuer à la réparation du préjudice.

Cet article ne porte pas atteinte à l'obligation personnelle des personnes de l'équipage de répondre des conséquences de leur faute.

Art. 737. — Quand aucune faute ne tombe à la charge d'une personne de l'équipage de l'un ou de l'autre navire ou quand l'abordage a été amené par une faute commune, aucune indemnité ne peut être réclamée pour le dommage causé à l'un des navires ou aux deux.

ART. 738. — Les deux articles précédents s'appliquent sans qu'il y ait à distinguer suivant que les deux navires ou l'un d'eux sont en marche ou vont à la dérive, se trouvent à l'ancre ou sont amarrés à terre.

ART. 739. — Si un navire endommagé par l'abordage coule bas avant d'atteindre un port, on doit présumer que la perte du navire est une suite de l'abordage.

ART. 740. — Quand le navire s'est trouvé sous la conduite obligatoire d'un pilote lamaneur, et que les gens composant l'équipage ont rempli les obligations qui leur incombent, l'armateur n'est pas responsable du dommage qui résulte d'un abordage causé par la faute du pilote.

ART. 741. — Les prescriptions de ce chapitre s'appliquent également quand l'abordage a eu lieu entre plus de deux navires.

Si, en pareil cas, l'abordage est dû à la faute d'une personne de l'équipage de l'un des navires, l'armateur de ce navire répond aussi du dommage qui résulte de ce que l'abordage de son navire avec un autre a causé l'abordage de celui-ci avec un troisième.

Angleterre.

En cas d'abordage de navires, si l'événement a été purement fortuit, ou déterminé par des faits de force majeure, les dommages sont supportés, sans répétition, par les choses qui les ont éprouvés.

Dans toute action ou poursuites pour dommages résultant d'une collision entre deux navires, si tous deux sont reconnus en faute, les règlements de la Cour de l'Amirauté, actuellement en vigueur, prévaudront autant qu'ils ne sont pas en désaccord avec les règlements des cours de droit commun (Judica-ture, art. 36 and 37, Vict. 66, sect. 25, § 9) (1).

ART. 16. — Dans chaque cas de collision entre deux navires, il est du devoir du capitaine ou de toute autre personne ayant

____

(1) Voir Desjardins, V, p. 152.

charge du navire, et pour autant qu'il peut le faire sans danger pour son propre navire, équipage et passagers, de rester à proximité de l'autre navire jusqu'à ce qu'il se soit assuré qu'une plus longue assistance était inutile, et de donner à ce navire, son capitaine, son équipage et ses passagers, tous les secours possibles et utiles pour les sauver de tout danger résultant de l'abordage, et en outre, de donner au capitaine ou à la personne ayant charge du navire, le nom de son propre vaisseau, de celui du port d'enregistrement, du port auquel il appartient, ainsi que ceux des ports d'où il vient et où il va.

S'il manque de se conformer à ces prescriptions, sans raison suffisante, il sera préjugé avoir provoqué l'abordage par fausse manœuvre, négligence ou défaut, à moins de preuve contraire.

Chaque capitaine ou personne ayant charge d'un navire anglais qui manque sans raison plausible, de donner une telle assistance ou de tels renseignements, se rend coupable d'un délit, et, s'il est officier diplômé, une enquête sur sa conduite peut être faite et son diplôme peut être modifié ou suspendu.

ART. 17. — Si dans un cas de collision, il est prouvé à la Cour que l'une des prescriptions contenues dans les « Merchant Shippings acts de 1854 à 1873 » pour éviter les abordages, a été négligée, le navire qui l'aura négligée sera considéré comme étant en faute, à moins qu'il ne soit prouvé à la Cour que la non-observation des règlements était nécessitée par les circonstances (36 and, 37 Vict., Merchant Shipping and passengers act, amendement act, 1873, chap. 73).

Autriche-Hongrie.

On suit à titre d'usage la législation française.

République Argentine (Code du 10 septembre 1862).

ART. 1423. — Si un navire en aborde un autre, par incapacité ou négligence du capitaine ou de l'équipage, ou par inobservation des règlements du port, le capitaine qui a causé l'abordage doit supporter tous les dommages causés au navire et à sa cargaison.

Art. 1424. — Si les deux capitaines ou si les hommes des deux équipages sont en faute dans l'abordage des navires, chacun de ce s derniers supporte son dommage.

Dans ce ca scomme dans celui prévu par l'article précédent, les capitaines sont responsables à l'égard des propriétaires des navires et de s cargaisons avariés, sans préjudice de leurs recours éventuel contre les officiers et les hommes de l'équipage.

Art. 1425. — Si l'abordage des navires survient par cas fortuit, chacun d'eux supporte son dommage, sans répétition d'aucune sorte.

Dans cette disposition est compris le cas où un navire par fortune de mer se voit obligé, pour son propre salut, de couper le câble d'un autre.

Art. 1426. — S'il y a un doute sur les causes de l'abordage des navires, les avaries subies, estimées par experts, sont mises en masses et divisées entre les navires à proportion de leur valeur respective.

L'avarie sera répartie entre les navires comme avarie grosse.

Art. 1427. — En ce qui concerne la cargaison, tout abordage de navire sera considéré comme fortuit, à moins qu'on ne prouve l'impéritie ou la négligence de la part du capitaine ou de l'équipage (art. 1423). En ce cas les dommages soufferts par la cargaison seront considérés comme avarie particulière à la cargaison qu'il a supporte.

Art. 1428. — S'il est prouvé que l'abordage provient de la faute ou de la négligence de l'un des deux capitaines ou des deux (art. 1423, 1424), les avaries éprouvées par le chargement seront supportées par le capitaine ou les capitaines et par leurs navires respectifs.

Art. 1429. — Tous les dommages résultant d'abordages de navires devront être déterminés par experts.

Aussi bien dans le cas de l'article 1426 que dans les autres qui pourront se présenter se rapportant à l'abordage des navires, la discussion devra être soumise à l'appréciation d'arbitres compétents qui devront décider le plus rapidement possible quel est le navire en faute, et cela en jugeant d'après les règlements du port et les usages pratiques du lieu.

Art. 1430. — Si après un abordage en pleine mer, le navire endommagé se trouve obligé de faire route pour un port de relâche en vue de s'y faire radouber, et s'il vient à se perdre pendant ce voyage, la perte est supposée être la conséquence de l'abordage.

Art. 1431. — Toutes les avaries provenant de l'abordage appartiennent à la classe des avaries particulières, excepté dans le cas prévu par l'art. 1426 où pour éviter de plus graves avaries un navire coupe son câble et pour son salut aborde un autre navire. Les avaries subies dans ce cas sont réparties comme avaries communes entre le navire et la cargaison, ainsi qu'il est dit dans l'article 1426.

Art. 1432. — Dans tous les cas où suivant les dispositions de ce titre la responsabilité tombe sur le capitaine pour faute, négligence ou impéritie, il a le droit, si un pilote était à bord au moment de l'abordage, d'exiger de ce dernier le remboursement des sommes qu'il aura été obligé de payer.

Belgique (Loi du 21 août 1879).

Art. 228. — En cas d'abordage de navire, si l'événement a été purement fortuit, ou déterminé par des faits de force majeure, les dommages sont supportés, sans répétition, par les choses qui les ont éprouvés.

Si l'abordage a été causé par une faute, tous les dommages sont supportés par le navire à bord duquel la faute a été commise.

La présence de pilotes ne fait pas obstacle à la responsabilité établie par le paragraphe précédent.

Art. 229. — S'il y a faute commise à bord des deux navires, il est fait masse des dommages, lesquels sont supportés par les deux navires dans la proportion de la gravité qu'ont eue les fautes respectivement constatées comme cause de l'événement.

Art. 230. — Le recours est exercé contre le navire abordeur en la personne de son capitaine ou de ses propriétaires. Le capitaine n'encourt de responsabilité personnelle que s'il y a, de sa part, faute ou négligence.

Art. 231. — La demande formée par le capitaine ou le propriétaire du navire abordé conserve les droits des hommes de l'équipage, des tiers chargeurs, des passagers et de tous autres intéressés. A défaut du propriétaire ou du capitaine, la demande peut être formée par tous intéressés.

Brésil (Code du 25 juin 1858).

ART. 749. — En cas d'abordage de navires, celui qui l'aura causé soit par inobservation des règlements du port, soit par impéritie ou négligence du capitaine ou de l'équipage, supportera tout le dommage causé au navire ou à la cargaison; ce dommage sera déterminé par expert.

ART. 750. — Tous les procès d'abordages de navires seront dans le plus bref délai tranchés par experts. Ceux-ci devront déterminer quel est le navire en faute en jugeant suivant les dispositions du règlement du port et les coutumes locales.

Si les experts ne peuvent pas juger avec certitude à quel navire incombe la faute, chaque navire supportera son propre dommage.

ART. 751. — Si après un abordage en pleine mer, le navire endommagé se trouve obligé de faire route pour un port de relâche en vue de s'y faire radouber, et s'il vient à se perdre pendant ce voyage, la perte est supposée être la conséquence de l'abordage.

ART. 752. — Toutes les avaries provenant de l'abordage appartiennent à la classe des avaries particulières, excepté dans le cas où pour éviter de plus graves avaries, un navire coupe son câble, et pour son propre salut en aborde un autre. Les avaries qu'éprouve en pareil cas le navire ou la cargaison sont réparties comme avaries grosses entre le navire, le fret et la cargaison.

Chili (Code du 1er janvier 1867).

ART. 1129. — Les avaries résultant d'un abordage fortuit doivent être supportées par chacun des navires qui les ont souffertes, sans recours l'un contre l'autre, sans préjudice de l'assurance éventuelle.

ART. 1130. — Si l'abordage a été causé par le dol, la négligence ou l'incapacité de la part du capitaine ou de l'équipage d'un navire, la partie en faute doit réparer le dommage.

Si l'abordage est survenu à la suite de faits des deux capitaines ou des deux équipages, chaque navire supportera son avarie.

Art. 1131. — En cas d'abordage fautif, le capitaine est responsable à l'égard des propriétaires des avaries que le navire et la cargaison peuvent avoir éprouvées, sans préjudice de ses droits contre les officiers et l'équipage, dans le cas où l'abordage peut être mis à la charge de ces derniers.

Art. 1132. — Si l'abordage se produit pendant que le navire est sous la direction d'un pilote, le capitaine condamné au paiement des avaries, peut en réclamer le remboursement audit pilote.

Art. 1133. — En cas de doute sur les causes de l'abordage, l'avarie est mise en masse et divisée par moitié entre les navires.

Art. 1134. — L'abordage sera présumé fortuit, mais cette présomption disparaîtra quand le capitaine se trouvera dans un des cas suivants :

1º Si le navire en violation du règlement du port et des usages n'est pas bien ancré, ou si l'ancre n'est pas pourvue des bouées nécessaires.

2º Si le navire lève l'ancre pendant la nuit sans s'être d'avance préparé au départ, ou s'il passe avec vent en poupe dans le voisinage d'un navire encore ancré ou avec les voiles à la cape.

3º Si le navire, à l'entrée d'un port, cherche à dépasser un navire qui le précède, ou si à la sortie, il ne laisse pas le passage libre à un navire qui entre.

4º Si le navire qui est au plus près du vent navigue de manière à rencontrer un autre navire en un point où ils doivent se croiser, et ne prend pas les mesures de précaution nécessaires pour éviter un abordage.

5º Si un navire n'a aucun feu allumé, en quelque lieu qu'il se trouve.

Art. 1135. — Si un navire après un abordage interrompt sa route pour atteindre un port de relâche et réparer ses avaries, et s'il vient à se perdre pendant le voyage, cette perte sera supposée être la conséquence de l'abordage.

Colombie (Code du 10 mars 1873).

Les articles 321 à 327 du Code colombien sont équivalents aux articles 1129 à 1135 du Code chilien, avec la seule différence que le paragraphe 5 de l'article 1134 du Code chilien fait défaut dans l'article 326 correspondant.

Costa-Rica (Code du 23 juin 1853).

ART. 875. — Appartiennent à la classe des avaries simples et particulières.

7. Les dommages que le navire ou la cargaison a éprouvés par suite de l'abordage avec un autre navire, si cet abordage a été fortuit et inévitable. Si l'un des capitaines a commis une faute dans l'accident, il doit supporter tous les dommages éprouvés.

Curaçao (Code de 1869).

Les articles 507 à 517 du Code de cette colonie correspondent aux articles 534 à 544 du Code néerlandais (voir Pays - Bas).

Danemark (Code de Chrétien V, de 1683).

1. Si en cas d'abordage, le navire ou la cargaison a été endommagé et si les capitaines ou quelqu'un de l'équipage des navires a causé l'abordage, il est tenu de réparer tout le dommage.

2. Il est fait masse des dommages, dans tous les cas où le dommage n'est pas exclusivement imputable à la faute d'un des navires. La répartition se fait toujours également sans aucun égard à la gravité des fautes (Cod. danois, t. 4, cap. 3, art. 3 et 4).

3. Si l'abordage est fortuit, s'il est impossible de prouver qu'il a été causé par la faute de l'un côté ou de l'autre, chaque navire supportera son dommage.

4. L'armateur est responsable avec le navire et le fret pour la réparation due. Le propriétaire de la cargaison n'est pas responsable.

La présence des pilotes ne fait pas obstacle à la responsabilité de l'armateur.

(Voir projet de Code scandinave.)

Dominicaine (République).

On suit la législation française.

Égypte (Code du 1er janvier 1876).

L'article 242 du Code égyptien est la reproduction textuelle de l'article 249 du Code ottoman (voir Turquie).

Espagne (Code d'août 1885).

ART. 826. — Si un navire en aborde un autre par suite de la faute, négligence ou incapacité du capitaine, du pilote, ou de toute autre personne appartenant au navire, l'armateur du navire abordeur supportera les dommages et préjudices causés, après estimation par experts.

ART. 827. — Si l'abordage est imputable aux deux navires, chacun supportera le dommage qu'il a subi, et tous deux répondront solidairement des dommages et préjudices causés à leur cargaisons.

ART. 828. — La disposition de l'article précédent est applicable au cas où l'on ne peut déterminer lequel des deux navires a été cause de l'abordage.

ART. 829. — Les dispositions relatives aux cas indiqués ne préjudicieront ni à l'action civile de l'armateur contre l'auteur du dommage, ni au responsabilités pénales, s'il y a lieu.

ART. 830. — Si un navire en aborde un autre, par cas fortuit ou de force majeure, chaque navire et sa cargaison supportera son propre dommage.

ART. 831. — Si un navire est forcé d'en aborder un autre par la faute d'un troisième, l'armateur de ce dernier supportera les dommages et les préjudices causés, et le capitaine demeurera civilement responsable vis-à-vis de cet armateur.

ART. 832. — Si, par suite d'une tempête ou d'une autre cause de force majeure un navire, convenablement mouillé et amarré, aborde des navires voisins et leur cause des avaries, le dommage subi sera considéré comme avarie particulière du navire abordé.

ART. 833. — Sera considéré comme perdu, par suite d'abordage, le navire qui, après la collision, coule à pic immédiatement, de même que celui qui, obligé de gagner un port pour réparer les avaries occasionnées par l'abordage, se perd pendant le trajet ou se voit obligé de s'échouer pour se sauver.

ART. 834. — Si les navires qui s'abordent ont à bord des pilotes lamaneurs, exerçant leurs fonctions au moment de l'abordage, la présence des pilotes ne déchargera pas les capitaines de la responsabilité qu'ils encourent; mais ceux-ci auront un recours contre les pilotes sans préjudice à la responsabilité pénale que ces derniers pourraient encourir.

ART. 837. — La responsabilité civile qu'encourent les armateurs dans les cas prévus dans la présente section est limitée à la valeur du navire avec tous ses assessoires, y compris le fret gagné dans le voyage.

ART. 838. — Lorsque la valeur du navire et de ses accessoires ne suffira pas à couvrir toutes les responsabilités, l'indemnité due pour mort d'homme ou lésions faites aux personnes aura la préférence.

ART. 839. — Lorsque l'abordage se produit entre navires espagnols dans des eaux étrangères, ou si, s'étant produit en pleine mer, les navires arrivent dans un port étranger, le consul d'Espagne de ce port procédera à une enquête sommaire au sujet de l'événement et enverra le procès-verbal au capitaine général du département le plus proche, pour continuer l'enquête et conclure.

ART. 809. — Sont avaries simples ou particulières :

.....8° Le dommage subi par le navire ou par sa cargaison, par suite de collision ou abordage avec un autre navire, lorsque ces événements sont fortuits et inévitables.

Si l'accident est survenu par la faute ou la négligence du capitaine, celui-ci sera responsable de tout le dommage causé.

9° Tout dommage qu'éprouve la cargaison par faute, négligence ou baraterie du capitaine ou de l'équipage, sans préjudice au recours du propriétaire contre le capitaine, le navire et le fret.

États-Unis.

En cas d'abordage fortuit chaque navire supporte son dommage (Bell's Comm., vol. I, p. 580).

En cas d'abordage fautif, le dommage au navire et à la cargaison est réparé par l'auteur de la faute (Story on Bailments, § 608 and Bell's Comm., vol. I, 579).

En cas de faute commune le dommage est partagé entre les deux navires (*The Woodrop Sims*, 2 Dodson, 83; *The Catharine*, 17 How. 170).

De même en cas d'abordage douteux (*if the collision happens without fault of either party, or if there was fault, and it cannot be ascertained which vessel was in fault.* — Si l'abordage arrive sans faute d'aucune part, ou s'il y a faute, et que l'on ne puisse déterminer quel navire a été en faute (*The Nautilus*, 1 Ware, 2. Ed., 529.)

Finlande (Code du 9 juin 1873).

ART. 154. — Si le capitaine par sa négligence à observer les précautions prescrites pour éviter l'abordage, ou par toute autre faute de soins ou d'attention, est cause que son navire en heurte un autre, en faisant voile ou en dérivant, il sera tenu de tout le dommage ainsi occasionné. S'il y a faute de la part d'un homme de l'équipage, celui-ci en sera également responsable.

ART. 155. — Si l'abordage est le résultat d'un cas fortuit, ou qu'il y ait eu faute de la part des capitaines des deux navires, il n'y aura pas d'obligation pour l'un à restituer les dommages soufferts par l'autre. S'il est prouvé que l'un des capitaines est plus coupable que l'autre, il appartiendra au tribunal d'examiner les faits et la part de responsabilité de chacun, puis de décider dans quelle proportion le plus coupable doit dédommager l'autre.

ART. 156. — Dans l'examen des causes qui ont amené un abordage, toutes les circonstances doivent être prises en mûre considération; on s'attachera tout particulièrement à rechercher si le temps a permis de délibérer ou si le péril est survenu subitement.

Si l'abordage a lieu pendant que le navire est sous la conduite d'un lamaneur, sa responsabilité sera établie selon les lois spéciales.

ART. 157. — Si des marchandises ont été endommagées ou perdues par suite d'un abordage, le coupable est tenu de réparer la perte conformément aux articles précédents ; mais en aucun cas le propriétaire des marchandises à bord n'est obligé de contribuer à la réparation des dommages causés par abordage au corps ou à la cargaison d'un autre navire.

ART. 158. — Concernant l'obligation pour l'armateur de répondre des pertes qu'un abordage causé par la faute ou la négligence du capitaine a fait subir à un autre navire ou à sa cargaison, on suivra les prescriptions de l'article 17.

Grèce et Iles Ioniennes (Lois des 19 avril, 1er mai 1835 et 2/14 mai 1866).

On suit la législation française.

Guatemala (Code du 20 juillet 1877).

Les articles 1003 à 1007 sont équivalents aux articles 321 à 325 du Code colombien. L'article 1008 n'est que la reproduction de l'article 1134 du Code chilien (voir Colombie et Chili).

Haïti (Code du 8 mars 1826).

L'article 404 est la reproduction de l'article 407 du Code français.

Honduras (Code du 27 août 1880).

Les articles 1126 à 1132 sont la reproduction des articles 1129 à 1135 du Code chilien (voir Chili).

Indes (Colonies hollandaises).

On suit la législation néerlandaise (voir Pays-Bas).

Italie (Code du 2 avril 1882).

ART. 660. — En cas d'abordage de navire, si l'événement a été purement fortuit ou dû à force majeure, les dommages et les pertes, qui en résultent, sont supportés, sans droits à répétition, par le navire qui les a éprouvés.

Art. 661. — Si l'abordage a été causé par la faute de l'un des navires, les dommages et les pertes qui en résultent sont à charge de ce navire. Les indemnités dues aux personnes mortes ou blessées sont privilégiées en cas d'insuffisance de la somme à distribuer.

Art. 662. — S'il y a doute auquel des navires la faute est imputable, ou s'il y a faute commune, chacun supporte les dommages et les pertes qu'il a éprouvés sans droit à répétition; chacun toutefois est solidairement tenu de la réparation des dommages et pertes causés aux marchandises, et des indemnités dues pour les blessures des personnes d'après les dispositions des deux articles précédents.

Art. 663. — La responsabilité des navires établie dans les articles précédents laisse intacte celle des auteurs de la faute envers les endommagés et les propriétaires des navires.

Art. 664. — Lorsqu'un navire a abordé sans sa faute un autre, parce qu'il a été lui-même abordé par la faute d'un troisième, toute la responsabilité est à charge de ce dernier.

Malte.

D'après le *Compendio* de 1841 on suit la législation française.

Mexique (Code du 1ᵉʳ janvier 1866).

Art. 707. — A la classe des avaries simples et particulières appartiennent :

7. Les dommages que le navire ou la cargaison supporte par suite d'un abordage ou d'un choc avec un autre navire, s'il y a eu cas fortuit et inévitable. Si l'un quelconque des capitaines supporte la faute de l'événement, il doit prendre à sa charge tous les dommages qu'il a causés.

Monaco (Code du 1ᵉʳ janvier 1878).

L'article 378 du Code de commerce est la reproduction de l'article 407 du Code français.

Nicaragua (Code du 12 mars 1869).

Art. 494. — Sont avaries simples et particulières :

6. Les dommages que le navire ou la cargaison supporte par

suite de l'abordage avec un autre navire, si l'abordage a été
ortuit et inévitable.

Norwège (Loi du 24 mars 1860).

ART. 78. — En cas d'abordage de deux navires, celui qui,
par négligence, a été cause de l'accident est tenu de payer les
avaries des deux navires et de leur cargaison.

La négligence entrainant cette responsabilité existe, en
général, dans le cas suivant :

1° Si un navire n'observe pas les règlements du port dans
lequel il se trouve ou n'observe pas les recommandations des
autorités maritimes ;

2° Si un navire n'a pas été amarré convenablement quand
cela était possible ;

3° Si sans nécessité, un navire s'est rapproché d'un autre
plus qu'il ne le fallait ;

4° Si un navire à l'ancre ne file pas son câble comme il doit
le faire suivant les usages maritimes pour faire place à un
autre navire.

5° Si, étant dans un port, le quart n'est pas rigoureusement
fait, ou si, étant en mer, la vigie ou les signaux réglementaires ne sont pas observés ;

6° Si le navire qui, aux termes des règlements, doit éviter,
néglige de le faire.

Dans les cas ci-dessus et analogues, il doit être tenu compte,
pour la détermination des responsabilités, du temps pendant
lequel on pouvait manœuvrer.

En cas de collision entre un voilier et un steamer en marche,
la négligence est, en général, imputable au steamer.

ART. 79. — Pour les avaries résultant des causes reprises
à l'article précédent et dont le capitaine et l'équipage sont
responsables, le navire sert de gage comme pour le prêt à la
grosse, suivant les prescriptions de l'art. 101.

ART. 80. — Si l'abordage est le résultat d'un cas fortuit ou
de force majeure, aucune indemnité n'est due ; chaque navire
paie ses propres avaries. Si l'abordage est le résultat de fautes
réciproques, le tribunal statuera en raison des fautes com-

mises par chacune des parties et des autres circonstances de l'affaire.

ART. 81. — Si, en raison des circonstances et en vue d'éviter une collision, des sacrifices tels que coupure de cordage ou autres analogues, sont jugés nécessaires, ces avaries qui en résultent sont réparties en raison de la valeur des navires et cargaison pour le sauvetage desquels le sacrifice a été fait, sous réserve toutefois du droit d'indemnité prévu par les art. 78 et 79. Si celui qui a fait le sacrifice, était lui-même cause de la collision, il ne pourrait exiger que l'avarie faite au navire ou à la cargaison, par suite du sacrifice, fût répartie dans les conditions qui précèdent.

Loi additionnelle de 1874.

Quand deux navires entrent en collision, il est obligatoire pour le capitaine de chaque navire, pour autant que cela est possible sans danger pour son propre navire, son équipage ou ses passagers, de donner à l'autre navire, à son équipage et à ses passagers toute l'assistance possible pour éviter les dangers d'un abordage, et aussi d'indiquer au capitaine de l'autre navire, le nom de son propre navire, le port d'origine et le port de destination. Quiconque transgresse cette règle sera passible d'une amende et d'un emprisonnement aux travaux forcés du cinquième degré. La même obligation de donner assistance et les mêmes pénalités sont applicables en cas d'abordage entre bateaux.

Pays-Bas (Code du 1er octobre 1838).

ART. 534. — Si un navire est abordé par un autre, par la faute du capitaine ou des gens de son équipage, le dommage entier, causé au navire abordé et à son chargement, doit être supporté par le capitaine du navire qui l'aura causé.

ART. 535. — Si l'abordage a eu lieu par la faute des deux capitaines ou des gens des deux équipages, chaque navire supportera ses propres dommages. Les capitaines sont responsables envers les propriétaires des navires et des marchandises, dans les cas prévus par cet article et le précédent, sauf leur recours contre les officiers et les gens de l'équipage s'il y a lieu.

ART. 536. — En cas d'abordage de navires par un accident purement fortuit, le dommage est supporté par celui des navires qui l'a éprouvé, sauf les dispositions de l'article 540.

ART. 537. — La disposition du précédent article est encore applicable au cas où l'un des deux navires n'est pas chargé.

ART. 538. — Lorsque ni la faute, ni l'accident fortuit ne peuvent être prouvés et qu'ainsi il y a doute sur les causes de l'abordage, le dommage survenu aux navires et aux chargements sera réuni en une seule masse et supporté par chacun d'eux en proportion de la valeur respective des navires et de leurs chargements. Ce dommage est réparti par forme d'avarie grosse sur chaque navire et sur chaque chargement.

ART. 539. — Si, après l'abordage, un navire périt dans la route qu'il a dû prendre vers un port de relâche pour se faire radouber, la perte du vaisseau est présumée causée par l'abordage.

ART. 540. — Si un navire, sous voile ou flottant, endommage par abordage un autre navire qui est à l'ancre ou amarré dans un lieu convenable, et que l'abordage ait été fait sans la faute du capitaine ou des gens de l'équipage du navire abordant, le navire qui était à la voile ou qui flottait, supportera la moitié du dommage du navire qui était à l'ancre ou amarré et du chargement, sans que ce dernier navire soit tenu des dommages arrivés à l'autre ou à son chargement. Ces dommages sont répartis par forme d'avarie grosse sur le navire et le chargement.

Il n'y a pas lieu à ce dédommagement, si le capitaine du navire amarré avait été en état de prévenir l'abordage ou de diminuer le dommage en relâchant ses câbles ou coupant ses amarres lorsqu'il a pu le faire sans danger, et qu'il ne l'a fait après en avoir été requis à temps par le capitaine du navire abordant.

ART. 541. — Si un navire chassant sur ses ancres est jeté sur les câbles d'un navire qui se trouve à l'ancre près de lui, et que le capitaine du premier navire coupe les câbles de l'autre et le détache ainsi de ses ancres, de sorte que par cet événement il soit endommagé ou fasse immédiatement naufrage, le navire chassant sur ses ancres est tenu de tout le dommage arrivé à l'autre navire ou à son chargement.

ART. 542. — Si un navire à l'ancre ou amarré dans le port se détache et par l'effet de l'impétuosité des eaux, d'une tempête ou autre force majeure endommage d'autres navires qui se trouvent près de lui, les dommages qui en résultent sont supportés par le navire endommagé, comme avarie particulière.

ART. 543. — Lorsqu'un navire se trouve sur des bas-fonds et ne peut s'en retirer, son capitaine a le droit, en cas de danger, d'exiger que le navire qui en est proche, lève ses ancres ou coupe ses câbles pour lui faire passage, pourvu que ce navire soit en état de faire cette manœuvre sans risques, à charge par le navire en danger de dédommager l'autre de ses pertes.

Le capitaine qui, dans ce cas, aurait refusé ou négligé de faire cette manœuvre, doit supporter les dommages qui en sont résultés.

ART. 544. — Tout capitaine dont le navire est à l'ancre, est responsable des dommages causés par le manque de balises ou bouées à ses ancres, à moins qu'il ne les ait perdues sans sa faute et n'ait pu les remplacer.

Pérou (Code du 15 mai 1853).

Les principes sont les mêmes que ceux adoptés à Costa-Rica et au Mexique (voir les lois de ces deux pays).

Portugal (Code du 1ᵉʳ janvier 1889).

ART. 690. — S'il se produit un abordage de navires par un accident purement fortuit ou dû à la force majeure, le dommage est supporté par le navire qui l'a souffert.

ART. 691. — S'il y a doute sur la cause de l'abordage chacun des navires supporte son dommage, mais ils répondent solidairement des dommages occasionnés aux cargaisons respectives et des indemnités dues aux personnes.

ART. 692. — S'il y a faute de la part des deux navires, il est fait une masse des dommages subis, et elle sera supportée par chacun des navires en proportion de la gravité de la faute.

ART. 693. — Lorsque l'abordage est dû à la faute de l'un des navires, tout le dommage souffert par le navire abordé, de même que l'indemnité due aux personnes, sera supporté par le navire abordeur.

ART. 694. — L'abordage est présumé fortuit, sauf :

1° Quand le navire était mal amarré ou sans garde de bord ;

2° S'il est mal placé dans un port ou mouillage, ou en n'observant pas les distances prescrites par les règlements, ou établies par l'usage ;

3° S'il lève l'ancre la nuit, sans s'être mis en franchise ou s'il navigue à toutes voiles ou à toute vapeur près d'un autre navire à l'ancre ;

4° Si à l'entrée d'un port, il prend l'avance sur un autre navire qui entrait le premier ; s'il ne s'éloigne pas à la sortie d'un navire qui entre, ou s'il ne prend pas les précautions pour ne pas se jeter sur un navire sorti peu de temps avant lui ;

5° Quand en naviguant, il n'a pas pris la direction voulue pour éviter d'aborder un autre navire qui, se trouvant arrêté, ne pouvait s'écarter, ou qui était ancré ;

6° Quand il navigue sans avoir allumé les feux réglementaires ;

7° Et, en général, quand il n'observe pas les règlements généraux de la navigation ou les règlements spéciaux du port.

ART. 695. — Quand l'abordage est dû à la faute d'un tiers navire et ne peut être évité, c'est celui-ci qui en est responsable.

ART. 696. — Si un navire endommagé par un abordage, se perd en se dirigeant vers un port de relâche pour y être réparé, la perte est présumée provenir de l'abordage.

ART. 697. — La responsabilité des navires établie dans les articles précédents ne dégage pas les auteurs de la faute envers les personnes lésées et les propriétaires du navire.

ART. 698. — Dans tous les cas où la responsabilité retombe sur le capitaine, si au moment de l'abordage et conformément aux dispositions des règlements le navire était sous la direction du pilote du port ou du lamaneur, le capitaine a le droit d'être indemnisé par le pilote ou par la corporation des pilotes s'il y en a une.

Roumanie (Code du 1/13 septembre 1887).

Les articles 672 et suivants sont la reproduction des articles 660 et s. du Code italien. (Voir Italie.)

Russie (Code de 1857).

Art. 1097. — Quand un navire, sa marchandise ou sa cargaison sont avariés par suite d'une collision, la perte sera supportée par celui qui l'aura provoquée.

Art. 1109. — Quand deux navires sous voiles s'abordent, par suite d'un cas fortuit ou de force majeure, et que le capitaine, le timonier et deux ou plusieurs hommes de l'équipage déclarent sous serment que l'accident était inévitable, les avaries subies par l'un ou par les deux navires, leurs marchandises ou leurs cargaisons, de même que la perte, le naufrage ou le retard qui en sont la conséquence, sont considérés comme avaries simples, et chacun supportera sa propre perte.

Art. 1110. — Quand deux navires font voile sous des amures différentes et que, par obstination, les deux capitaines ne s'évitent pas, qu'il y a collision et, par suite, avarie de l'un ou des deux navires, le capitaine en faute devra indemniser le propriétaire de ces marchandises en proportion de ses gages et de la valeur du navire. Si ces gages ne suffisent pas, les armateurs sont personnellement responsables dans les mêmes proportions.

Art. 1111. — Quand, par suite de l'incapacité, de l'imprudence ou de l'obstination d'un capitaine ou de son équipage, un navire en aborde un autre et qu'il en résulte des avaries au navire ou à la cargaison, le capitaine et les hommes de l'équipage, qui sont cause de l'accident, sont personnellement responsables du dommage causé, en proportion de leurs gages et de la valeur du navire. Si les gages sont insuffisants, les armateurs devront y suppléer dans les mêmes proportions. Mais, dans ce cas, le capitaine et l'équipage du navire avarié doivent prouver qu'ils n'ont commis aucune faute et qu'ils ont pris tous les moyens pour éviter l'abordage. S'ils n'ont employé aucun de ces moyens et qu'ils sont restés inactifs, ils supporteront eux-mêmes leur perte.

Art. 1112. — Quand un navire sous voiles aborde un autre navire à l'ancre ou à la droite, le capitaine du navire abordeur ainsi que les armateurs sont responsables du dommage causé aux deux navires et à leurs cargaisons.

Art. 1113. — Quand pendant une tempête ou pour sa sécurité personnelle, un navire entrant dans un port en aborde un autre et lui fait des avaries, les armateurs de ce navire supporteront, outre leur perte personnelle, la moitié du dommage occasionné à l'autre navire ou à sa cargaison.

Art. 1114. — Quand, pendant son appareillage un navire en rade en aborde un autre, il supportera, outre son propre dommage, la moitié de celui subi par l'autre navire. Mais si le navire abordeur a négligé de brasser ses vergues, s'il n'a pas filé assez de câble, s'il n'a pas jeté d'autres ancres, s'il n'avait pas préparé deux ancres ou si ces ancres étaient trop légères pour la grandeur du navire, les armateurs du navire abordeur seront tenus de réparer le dommage entier causé par la collision, au navire abordé et à sa cargaison.

Art. 1115. — Lorsque les ancres mouillées d'un navire en rade ne portent pas de bouées et qu'un autre navire en venant à l'ancre, brise les amarres du premier ou subit, par ce fait, une avarie quelconque, le premier navire devra remplacer l'amarre brisée et réparer les autres avaries subies par le second navire. Si le capitaine n'est pas en état de payer tout le dommage causé, les armateurs sont responsables de l'excédent. Néanmoins, si le capitaine peut prouver que la bouée de son ancre a été enlevée par une cause quelconque et qu'il n'a pu la remplacer, chacun des deux navires supportera son propre dommage. Mais dans ce cas, le navire dont l'ancre n'était pas pourvue de bouée, est tenu de faire place au second navire aussitôt que le temps lui permettra d'appareiller.

Art. 1116. — Quand un navire arrivant au mouillage accroche l'ancre ou les amarres d'un autre navire pourvu de bouées, le capitaine du premier navire et éventuellement ses armateurs, devront rembourser le dommage causé.

Art. 1117. — Quand, par suite d'un fort courant ou de vagues, les bouées d'ancre d'un navire sont submergées, tout navire entrant en rade doit observer où se trouvent les ancres mouillées, et les navires à l'ancre l'indiquer au navire entrant.

ART. 1118. — Quand, par suite d'un cas fortuit, un navire a perdu sa grosse ancre et est contraint d'entrer dans une rade où d'autres navires sont à l'ancre, il ne lui est pas interdit, comme moyen de sauvetage ou d'arrêt, de jeter une petite ancre sur l'amarre d'un navire mouillé. Dans pareil cas les navires à l'ancre en cet endroit doivent prêter au navire en détresse tous les secours possibles.

ART. 1119. — Quand, par suite de brouillard, de forte pluie ou de l'obscurité, deux navires sous voiles ne s'aperçoivent que lorsqu'il est absolument impossible de s'éviter, ou que, par l'action de fortes vagues ou sous l'action de vents faibles et variables ou dans d'autres circonstances analogues, pendant la nuit et par suite de circonstances de force majeure, il y a collision et par suite avarie de l'un ou des deux navires, chacun d'eux supportera son propre dommage.

ART. 1120. — Quand par un temps ordinaire, deux navires sous voiles, obéissant à la barre, s'abordent la nuit par un temps suffisamment clair et qu'il est reconnu qu'aucun de ces deux navires ne portait de lanternes et n'a fait de signaux quelconques, chacun d'eux supportera le dommage qui lui est causé. Mais si l'un des deux navires a employé tous les moyens dont il disposait pour éviter l'abordage, et que l'autre n'en a pas tenu compte, le capitaine de ce dernier, ainsi que son armateur, sont responsables de la perte subie par les deux navires et leurs cargaisons.

ART. 1121. — Mais quand, malgré l'emploi de tous les moyens possibles, deux navires entrent en collision, les pertes ou les avaries subies seront remboursées à frais communs et en proportion de la valeur des navires sans que les propriétaires de la cargaison puissent être tenus d'y participer. Mais le pré-judice causé à la cargaison, par l'obstination du capitaine, sera remboursé par ce dernier ou par son armateur, comme le prescrit l'article 1110. Si le préjudice est le résultat d'un cas fortuit, chacun supporte sa propre perte.

ART. 1122. — En cas de collision, on devra constater : 1° la direction du vent; 2° la course du navire avant l'abordage ; 3° par quelles parties les navires se sont abordés et quelle était la voiture de chaque navire ; 4° les moyens employés pour éviter la collision ; 5° comment les vergues étaient orientées ; 6° la direction du gouvernail, etc. Il faudra en outre constater la direction des amures ; 7° si l'un des navires avait sa voile d'artimon larguée ou carguée ; si l'un des navires portait avant la collision son grand foc ou s'il était amené. Si, avant la collision, l'un des navires avait cargué sa voile d'artimon et déployé son grand ou son petit foc, c'est un indice certain que ce navire voulait éviter et dans ce cas, l'autre navire devait venir au vent. Dans ce cas, le navire qui, par son auvent a abordé l'autre du côté du vent sera considéré comme étant plus en défaut que celui qui a reçu le choc du côté sous le vent.

Salvador (Code du 1ᵉʳ mai 1882).

Les articles 1047 à 1053 sont la reproduction des articles 1129 à 1135 du Code chilien. (Voir Chili.)

Suède (Loi du 23 février 1864).

§ 172. -- Si un navire a été endommagé par suite de l'abordage d'un autre, qui est venu à la voile ou à la dérive, et que le capitaine ou une personne de l'équipage en soit cause, il est tenu de réparer le préjudice et l'armateur en est responsable d'après les termes de l'art. 49.

Si l'abordage a été amené par une faute commune ou par suite d'accident, chaque navire supporte son préjudice. Cependant dans le premier cas le tribunal aura à vérifier si une partie est plus en faute que l'autre navire, et l'armement est également responsable d'après les termes de l'art. 49.

§ 173. — En cas d'abordage, le tribunal doit prendre en considération, pour la détermination de la responsabilité, si on a eu le temps de réfléchir ou si une résolution a dû être prise immédiatement.

§ 174. — La cargaison d'un navire qui occasionne des pertes à un autre ne devra en aucun cas contribuer à l'indemnité.

Si des marchandises ont été endommagées par suite de l'abordage et si le capitaine ou quelque personne de l'équipage de l'un ou de l'autre navire en est la cause, on applique les règles énoncées au § 172, al. 1. Si la faute est des deux côtés, chaque capitaine réparera le préjudice occasionné aux marchandises dans son navire, à moins que l'un ne soit plus en faute que l'autre, auquel cas les règles du § 172, al. 2, sont applicables.

Surinam (Colonie hollandaise de) (Code de 1860).

Les articles 510 à 520 du code de cette colonie correspondent aux articles 534 à 544 du Code néerlandais. (Voir Pays-Bas.)

Turquie (Code de 1864).

ART. 249. — En cas d'abordage du navire, si l'événement a été purement fortuit, le dommage est supporté, sans répétition, par celui des navires qui l'a éprouvé.

Si l'abordage a été fait par la faute de l'un des capitaines, le dommage est payé par celui qui l'a causé.

Si l'abordage a lieu par la faute des deux capitaines, ou s'il y a doute sur les causes qui l'ont produit, le dommage est réparé à frais communs par les navires qui l'ont fait et souffert, proportionnellement à leur valeur respective. Dans ces deux derniers cas, l'estimation du dommage est faite par experts.

Uruguay.

Les articles 1433 à 1442 correspondent aux articles 1423 à 1432 du Code argentin. (Voir République Argentine.)

Vénézuéla (Code de 1873).

ART. 634. — En cas d'abordage de navires, s'il est causé par cas fortuit ou par le fait des deux capitaines ou des deux équipages, chaque navire doit supporter le dommage qu'il a souffert. S'il a été causé par la faute d'un capitaine, celui-ci doit supporter seul le paiement de toute l'avarie ; s'il n'est pas certain que l'abordage soit dû à un cas fortuit ou imputable à l'un des deux capitaines, chaque navire doit payer la moitié des réparations jugées nécessaires par les experts.

ART. 635. — L'abordage sera présumé fortuit. Il sera toutefois considéré comme causé par le capitaine dont le navire se trouvera dans l'une des situations suivantes :

1º Si le navire, en violation des règlements et des usages est mal ancré ou si ses ancres n'ont pas les bouées nécessaires, à moins qu'il ne soit prouvé qu'il les a perdues sans faute, et qu'il n'a pu les remplacer ;

2° Si le navire lève l'ancre pendant la nuit, sans s'être préparé d'avance au départ, ou s'il passe avec le vent en poupe immédiatement à côté d'un autre qui est encore à l'ancre ou qui a les voiles à la cape ;

3° Si un navire en entrant dans un port cherche a dépasser celui qui le précède, ou si à la sortie d'un port, il ne fait pas place à un navire qui entre ;

4° Si le navire qui est au plus près du vent suit une route qui doit le faire rencontrer un autre, et s'il ne prend pas les précautions nécessaires pour éviter l'abordage ;

5° Si un navire en quelque endroit qu'il se trouve n'a pas pendant la nuit un feu allumé.

ART. 636. — Si après l'abordage le navire vient à couler dans un voyage fait vers un port de relâche pour s'y réparer, cet événement est présumé résulter de l'abordage.

ART. 637. — Si un navire à la voile, sans la faute du capitaine ou de l'équipage, vient à aborder un navire ancré dans un endroit convenable, il doit payer la moitié de l'avarie causée, sans y comprendre les siennes.

Les avaries doivent être réparties comme avaries communes entre le navire et la cargaison.

Le paiement des avaries n'aura pas lieu si le capitaine du navire à l'ancre a pu prévenir l'abordage ou en atténuer les conséquences, en lâchant ou en coupant son câble, en admettant toujours qu'il ait pu le faire sans danger ou s'il ne l'a pas fait, à condition qu'il n'y ait pas été invité en temps utile par l'autre navire.

ART. 638. — Si un navire va en arrière sur la chaîne de l'ancre d'un autre navire ancré dans le voisinage et la fasse démarrer, qu'ainsi le navire perde son ancre et qu'il en résulte un naufrage ou une avarie, le premier navire doit réparer l'intégralité du dommage éprouvé par le second navire et par la cargaison.

ART. 639. — Si un navire ancré ou amarré à un port sans lâcher ses amarres produit des avaries à un navire voisin, par suite de la violence des vagues, de la tempête ou d'un autre cas de force majeure, les dommages devront être supportés par les deux navires comme avaries particulières.

ART. 640. — Si un navire se trouve dans un bas-fond et ne peut pas être remis à flot, son capitaine en cas de danger est autorisé à exiger qu'un autre navire qui se trouve dans le voisinage lève l'ancre ou lâche ses amarres pour permettre le passage, en tant qu'il peut le faire sans péril, le navire qui demande cette manœuvre devant payer les dommages qui peuvent en résulter.

Le capitaine qui ne défère pas à la demande qu'on lui adresse, ou qui ne l'exécute pas par négligence, est tenu des dommages qui peuvent résulter.

Projet de loi maritime scandinave.

CHAPITRE VIII. — DES DOMMAGES PROVENANT DES ABORDAGES

ART. 220. — Les règles à observer par les navires, afin d'éviter les abordages, sont données par le roi.

ART. 221. — Si des dommages ont été occasionnés au navire ou à la cargaison, par suite d'abordage, et si quelqu'un se trouvant à bord d'un des navires a causé l'abordage, il doit rembourser tous les dommages et pertes qui en résultent.

Si l'abordage provient de la faute des deux parties, le tribunal, prenant en considération la nature de la faute commise des deux côtés, fixera, s'il y a lieu, l'indemnité qui devra être payée par une des parties, ou décidera si chacun des navires supportera les dommages en ce qui le concerne.

En décidant la question d'imputabilité, le tribunal doit surtout prendre en considération si l'on a eu le temps de délibérer ou non.

ART. 222. — Si l'abordage est la suite d'un événement malheureux, ou s'il ne peut pas être constaté qu'il a été causé par la faute d'une des deux parties, chaque navire supporte les dommages en ce qui le concerne.

ART. 223. — Le propriétaire est tenu, sur le navire et le fret, de l'indemnité à payer aux termes du § 221, si l'abordage est causé par quelqu'un dont, aux termes du § 10, il doit répondre. Le propriétaire de la cargaison n'est pas tenu du dommage.

Art. 224. — En cas d'abordage, il incombe à chacun des capitaines, autant que faire se peut, sans danger pour son propre navire, son équipage et les passagers, de prêter à l'autre navire, à son équipage et à ses passagers, toute l'assistance possible et nécessaire pour les sauver du danger causé par l'abordage, ainsi que de faire connaitre à l'autre capitaine le nom et le port d'attache de son propre navire et le lieu ou le port d'où il vient et auquel il est destiné.

Le capitaine qui, sans cause légitime, néglige de se conformer à ces règles, est censé avoir causé l'abordage, sauf preuve contraire (1).

Projet de loi maritime internationale adopté par le Congrès international de droit commercial de Bruxelles (2).

DES CONFLITS DE LOIS MARITIMES

Art. 1er. — La loi du pavillon servira à déterminer :

.....6° L'étendue de la responsabilité des propriétaires de navires à raison des actes du capitaine ou des gens de l'équipage ;

9° Les obligations de chacun des navires poursuivis à raison d'un abordage en mer et les indemnités dues par chacun de ces navires. Néanmoins, les personnes qui se trouvent à bord d'un navire engagé dans l'abordage, les propriétaires du corps et des facultés de ce navire ne pourront obtenir respectivement ni des indemnités supérieures à celles qu'ils seraient en droit de réclamer d'après la loi du pavillon de ce navire, ni des condamnations solidaires, dans les cas où, d'après la loi de ce

(1) A la suite d'une entente entre les gouvernements danois, norwégien et suédois, une commission internationale a préparé un projet de Code maritime international. C'est le texte du projet norwégien traduit par MM. Christophersen, consul général de Suède et de Norwège à Anvers, Van Zuylen et Dumercy, avocats dans cette ville, que nous reproduisons.

(2) Voir le rapport de M. V. Jacobs, ministre d'État, président de la section de droit maritime et les résolutions *in extenso*, *Rev. intern. du dr. marit.*, IV, p. 818.

pavillon, les débiteurs des indemnités n'en seraient pas solidairement tenus.

Art. 2. — En cas d'abordage en mer ou d'assistance commencée en mer, le capitaine et les intéressés conservent leurs droits en réclamant dans les formes et les délais prescrits par la loi du pavillon, par celle du navire débiteur, ou par celle du premier port où le navire aborde.

Art. 4. — Toutes les fois que, en vertu des dispositions qui précèdent, il faut suivre la loi du pavillon, la loi applicable est celle du pavillon que portait légalement le navire au moment où le droit a pris naissance.

Le congrès estime qu'il y a lieu aussi d'adopter, par voie d'entente internationale, les règles suivantes :

Art. 1er. — Les tribunaux des pays contractants pourront, en matière maritime, ordonner toutes mesures provisoires et conservatoires même entre étrangers ; dès qu'un navire de mer, portant le pavillon d'un de ces pays, sera engagé dans la contestation, ces tribunaux ne pourront refuser de statuer sur les demandes qui leur seront soumises à ces fins.

Art. 2. — Quand dans un sauvetage, chacun des navires qui ont donné ou reçu assistance et, dans un abordage, chacun des navires qui ont participé à la collision, porte le pavillon d'un des pays contractants, l'action en indemnité pour cause d'assistance ou d'abordage peut être intentée devant les tribunaux de chacun des pays contractants, pourvu que le tribunal saisi du litige soit :

1º Celui du domicile personnel du défendeur ;

2º Celui du port d'attache du navire assigné ;

3º Celui dans le ressort duquel le navire assigné a été trouvé ;

4º Celui dans le ressort duquel l'abordage ou l'assistance a eu lieu.

DES ABORDAGES ET DE L'ASSISTANCE

Art. 1er. — En cas d'abordage fortuit chacun supporte son dommage.

L'abordage douteux est traité comme abordage fortuit. En cas d'abordage fautif :

a) Si la faute est imputable à un seul navire, le dommage est supporté par l'auteur de cette faute.

b) S'il y a faute commune, il est fait masse des dommages causés : cette masse est supportée par chacun des navires proportionnellement à la gravité des fautes respectivement commises.

Si le dommage est imputable à deux ou plusieurs navires, tous répondent solidairement du dommage causé aux tiers.

La réparation de ce dommage entre les navires auteurs de l'abordage a lieu suivant les règles admises littera *b* ci-dessus.

Art. 2. -- En cas d'abordage, le capitaine doit, en tant qu'il le peut sans danger pour son navire, son équipage et ses passagers, rester à proximité de l'autre navire, jusqu'à ce qu'il se soit assuré qu'une plus longue assistance est inutile, et donner à ce navire, à son capitaine, à son équipage et à ses passagers tous les secours possibles pour les sauver du danger résultant de l'abordage.

Faute de se conformer à ces prescriptions, le capitaine sera passible des pénalités édictées par les lois de son pays.

FINS DE NON-RECEVOIR

ET

PRESCRIPTIONS

France (Code de commerce de 1807).

ART. 435. — Sont non recevables :

Toutes actions contre le capitaine et les assureurs, pour dommage arrivé à la marchandise, si elle a été reçue sans protestation.

Toutes actions contre l'affréteur, pour avaries, si le capitaine a livré les marchandises et reçu son fret sans avoir protesté;

Toutes actions en indemnité pour dommages causés par l'abordage dans un lieu où le capitaine a pu agir, s'il n'a point fait de réclamation.

ART. 436. — Ces protestations et réclamations sont nulles si elles ne sont faites et signifiées dans les vingt-quatre heures et si dans le mois de leur date, elles ne sont suivies d'une demande en justice (1).

Allemagne (Loi du 5 juin 1869).

ART. 906. — Le terme de la prescription est de deux ans :

(1) La Chambre des députés, dans sa séance du 26 juin 1889, a adopté le projet de loi suivant qui modifie de la manière suivante les textes actuellement en vigueur :

« Toutes actions en indemnité pour dommages provenant d'abordage, « seront non recevables, si elles ne sont intentées dans le délai d'un an « à dater du jour de l'abordage.

« Le dernier paragraphe de l'article 435 du Code de commerce est « abrogé. »

Mais ce projet de loi est devenu caduc par suite de l'expiration du mandat de la Chambre qui l'avait adopté.

2) — pour les actions en réparation du dommage provenant de l'abordage des navires (1).

Angleterre.

La coutume prescrit simplement au capitaine de protester dans les vingt-quatre heures de son arrivée au premier port, mais n'exige pas de signification (2).

L'article 906, 2° de l'act du 5 août 1873 (*To amend the Merchant Shipping act*) déclare prescrites par deux ans les créances provenant d'abordages de navires. La prescription court du jour où l'abordage a eu lieu (art. 908, 3°).

L'action en indemnité pour abordage est une action réelle qui suit le navire et est opposable même aux acquéreurs de bonne foi pourvu qu'elle ait été intentée et suivie avec une diligence suffisante (*Reasonable diligence*) (Maclaclan, p. 300; de Valroger, n° 2,122).

Autriche-Hongrie.

On suit à titre d'usage la légistation française. (Voir France.)

République Argentine (Code du 10 septembre 1862).

Art. 1004. — L'action tendant à l'exécution d'une obligation commerciale qui ne peut être prouvée que par témoins se prescrit par deux ans.

Belgique (Loi du 21 août 1879).

Art. 232. — Sont non recevables.....

Toutes actions en indemnité pour dommages causés par l'abordage dans un lieu où le capitaine a pu agir, s'il n'a point fait de réclamation.

---

(1) Traduction de MM. Gide, Lyon-Caen, Flach et Dietz, Paris, Imprimerie nationale, 1881. Beauchet, *De l'abordage dans le droit allemand*, *Rev. intern. du droit marit.*, I, p. 183.

(2) Voir arrêt de la Cour de Rouen du 2 juin 1886, et l'arrêt de rejet de la Cour de cassation, du 27 mars 1889. *Rev. intern. du dr. marit.*, II, p. 283 et V, p. 5. La protestation se fait devant notaire (note of protest), sauf à la compléter plus tard (Abbott, p. 380), ou devant le consul d'Angleterre (Desjardins, VIII, p. 279).

ART. 233. — Ces protestatio. et réclamations sont nulles, si elles ne sont faites et signifiées dans les vingt-quatre heures, les jours fériés non compris, et si, dans le mois de leur date, elles ne sont suivies d'une demande en justice.

Toutefois dans le cas où l'abordage a causé la perte entière du navire, le délai de la signification est d'un mois, à partir du jour où les intéressés ont eu connaissance de l'événement.

Brésil (Code du 25 juin 1850).

L'art. 446 est la reproduction de l'art. 1004 de la République Argentine.

Chili (Code du 1er janvier 1867).

ART. 1319. — Sont non recevables.....

3° Les actions en réparation des dommages par avarie provenant de l'abordage si le capitaine n'a pas protesté en temps utile.

Cette disposition ne vise pas le cas où l'abordage a causé la perte totale du navire.

ART. 1320. — Les protestations mentionnées dans l'article précédent n'ont aucun effet :

1° Si elles ne sont faites et notifiées dans les 24 heures ;

2° Si après qu'elles ont été faites et notifiées dans ledit délai, elles n'ont pas été suivies d'une demande en justice dans les deux mois à compter de la date de la protestation.

ART. 1322. — En quelque lieu que soit arrivé l'abordage, les vingt-quatre heures dont il est parlé dans l'article 1320 doivent se calculer à partir du premier moment où le capitaine a eu la possibilité d'agir.

Colombie (Code du 10 mars 1873).

ART. 526. — Sont irrecevables :

1° L'action contre le capitaine et les assureurs pour avaries survenues à la cargaison, si les marchandises ont été reçues sans protestation ;

2° L'action d'avarie contre l'affréteur, si le capitaine a livré les marchandises et reçu le fret sans protestation ;

3° L'action d'avarie en cas d'abordage, si le capitaine n'a pas fait une protestation en temps utile.

Cette prescription ne s'applique pas au cas où l'abordage a eu pour suite la perte totale du navire.

Art. 527. — Les protestations faites conformément au précédent article n'ont aucune valeur :

1° Si dans le délai de 72 heures pour les deux premiers cas, dans le délai de 24 heures pour le 3e elles ne sont pas faites et signifiées ;

2° Si, après la signification, l'action n'a pas été introduite dans le délai de deux mois de la date de la protestation.

Art. 528. — Si la livraison des marchandises, évidemment avariées, se passe sans protestation, les 72 heures courent du moment où la réception est terminée. Si l'avarie n'est pas visible, le délai court du moment où les marchandises ont été transportées dans les magasins de l'assuré. Si, à l'occasion de l'ouverture des balles au bureau de la douane, en présence de l'assuré, ou si par un événement connu de lui, l'avarie est découverte, avant que les marchandises n'aient été transportées dans son entrepôt, le délai court du moment de la découverte de l'avarie.

Art. 529. — Les 24 heures, en cas d'abordage courent, sans égard à l'endroit où il s'est produit, du moment où le capitaine peut protester le plus tôt.

Art. 530. — Les assureurs ne peuvent faire déclarer l'irrecevabilité édictée par les art. 526 et 527 si les marchandises avant livraison ont été vendues sur l'initiative d'un créancier de l'assuré ; mais ils peuvent le faire, si la livraison et la réception des marchandises ont eu lieu, de qui que soit l'action qui est introduite pour le dommage éprouvé par les assurés.

Art. 531. — L'affréteur ne peut également pas invoquer la fin de non-recevoir des art. 526 et 527 si au moment de l'abordage il s'est trouvé à bord du navire et s'il a signé le protocole sur le jet à la mer ; ou si par écrit il a concouru avec le capitaine au règlement d'avaries avant la livraison et le paiement.

Art. 532. — Les actions qui ne se rapportent à aucune des matières contenues dans ce titre se prescrivent dans le délai imparti par le Code civil des États respectifs.

Costa-Rica (Code du 23 juin 1853).

ART. 938. — L'action contre le capitaine qui a chargé la cargaison contre les assureurs de cette cargaison relativement au dommage éprouvé par elle, est prescrite, si dans les 24 heures de la livraison, une protestation régulière et légalisée n'est pas faite et portée à la connaissance du capitaine et de ses représentants dans les trois jours suivants.

ART. 939. — Même prescription pour toute action contre l'affréteur pour paiement d'avaries ou frais d'abordage que doit supporter la cargaison, dès que le capitaine a reçu le fret pour les marchandises délivrées sans avoir fait une protestation dans le délai imparti par le précédent article.

ART. 940. — Les actions de cette nature cessent malgré la protestation, tout comme si cette protestation n'avait pas été faite, si, avant l'expiration des deux mois qui suivent sa date, l'action judiciaire n'a pas été introduite contre ceux au détriment de qui la protestation a été faite.

Curaçao (Code de 1869).

L'article 719 du Code de cette colonie correspond à l'article 746 du Code néerlandais. (Voir Pays-Bas.)

Dominicaine (République).

On suit les dispositions du Code de commerce français.

Égypte (Code du 1er janvier 1873).

Les articles 274 et 275 sont la reproduction exacte des articles 281 et 282 du Code turc. (Voir Turquie.)

Espagne (Code d'août 1885).

ART. 953. — Les actions en indemnité pour abordage se prescriront par deux ans à partir du sinistre.

Ces actions ne seront pas recevables si la protestation y relative n'a pas été faite par le capitaine du navire endommagé ou par celui qui le remplace dans ses fonctions et ce dans le premier port où il relâchera, conformément aux n°ˢ 8 et 15 de l'article 612, lorsque ceux-ci seront applicables (1).

ART. 612. — Sont inhérentes à la charge du capitaine les obligations qui suivent:

8° Se présenter, aussitôt son arrivée dans un port de relâche forcée, à l'autorité maritime si c'est en Espagne, au consul d'Espagne si c'est à l'étranger, et faire, dans les vingt-quatre heures, une déclaration du nom, de la matricule et de la provenance du bâtiment, de sa cargaison et des motifs de son arrivée; cette déclaration sera visée par l'autorité ou le consul; si, après examen, ils la trouvent acceptable, ils délivreront au capitaine le certificat nécessaire pour certifier son arrivée et les motifs qui y ont donné lieu. A défaut d'autorité maritime ou de consul, la déclaration sera faite devant l'autorité locale.

15° En cas de naufrage, faire dans les 24 heures une protestation en due forme, au premier port où il abordera, entre les mains de l'autorité compétente ou du consul espagnol, spécifiant tous les accidents du naufrage, conformément au numéro 8 du présent article.

États-Unis.

Le défaut de protestation dans une affaire d'abordage où un *protest* est généralement produit ne semble que mettre le demandeur en suspicion. (Voir Desjardins, VIII, p. 280.)

L'action *in rem* contre le navire à raison d'un préjudice résultant d'un abordage (dans l'espèce, mort d'homme) se prescrit par un an à compter du décès d'après les statuts de Pensylvanie et de Massachusets (Cour suprême des États-Unis, 14 novembre 1886, *Rev. intern. du dr. marit.*, II, p. 719.)

Finlande (Code du 9 juin 1873).

ART. 18. — Les actions en responsabilité pour abordages comme toutes les réclamations dont l'armateur peut s'affranchir par l'abandon du navire et du fret, doivent être présentées dans les deux ans après que le voyage à l'occasion duquel la

____

(1) Voir sur cette question dans la Jurisprudence Française, le n° 25, p. 63.

dette a été contractée s'est terminé par un déchargement définitif dans un port finlandais.

**Grèce et Iles Ioniennes (Lois des 19 avril, 1er mai 18?? et 2/14
mai 1886).**

On suit la législation française (1).

Guatémala (Code du 20 juillet 1877).

Les articles 1190, 1195 sont la reproduction des articles
1319, 1320, 1322 du Code chilien. (Voir Chili.)

Haïti (Code du 8 mars 1826).

Les articles 432, 433 sont la reproduction des articles 435,
436 du Code français.

. Honduras (Code du 27 août 1880).

Les articles 1316, 1317, 1319 sont la reproduction des articles
1319, 1320, 1322 du Code chilien. (Voir Chili.)

Italie (Code du 2 avril 1882).

Art. 665. — L'action en dommages-intérêts résultant de
l'abordage des navires n'est pas admise, s'il n'est pas fait dans
les trois jours une réclamation devant l'autorité du lieu de
l'événement ou de la première relâche.

Quant aux dommages causés aux personnes ou aux marchandises, le défaut de réclamation ne nuit pas aux intéressés
qui ne se trouvaient pas sur le navire, ou qui n'étaient pas à
même de manifester leur volonté (2).

Art. 923. — Se prescrivent par un an à compter du jour de
la protestation ou de la réclamation indiquées dans l'article 665
les actions en réparation des dommages causés par l'abordage
des navires.

Japon (Projet de code).

Art. 1031. — Les actions de créanciers du navire et les

____

(1) Un code nouveau est en préparation.
(2) L'obligation de signifier la protestation n'existe pas dans le droit
italien.

actions résultant d'un prêt à la grosse, d'avaries ou d'assistance se prescrivent, ainsi que .les actions personnelles contre les propriétaires, le capitaine ou l'équipage, par une année à partir du jour où elles peuvent être intentées ; néanmoins les privilèges (Pfandrechte) incrits au Registre ne se prescrivent que par trois années à compter de la date de l'inscription.

Malte (Loi du 2 octobre 1857).

Sont non recevables :

ART. 316. — Les actions en indemnités pour dommages causés par un abordage de navires dans un lieu où le capitaine a pu agir s'il n'a pas protesté.

Mexique (Code du 1er janvier 1866).

ART. 754. — Le droit d'action contre les assureurs ou le capitaine pour dommage aux marchandises est prescrit, si dans le délai de 24 heures après la réception de la cargaison la protestation n'a pas été faite en forme authentique, avec signification personnelle ou écrite à la personne responsable dans les trois jours suivants.

ART. 756. — De même se prescrit le droit d'action contre les affréteurs pour avaries ou frais d'abordage à la charge de la cargaison, si le capitaine reçoit le fret ou délivre les marchandises sans protester dans le délai et la forme édictés par le précédent article.

ART. 757. — La protestation ne donne droit à aucune action, dans le cas des deux articles précédents, si deux mois s'écoulent depuis leur date, sans que l'action judiciaire contre les personnes, contre lesquelles la protestation a été faite, ait été introduite.

Monaco (Code du 1er janvier 1878).

Les articles 406 et 407 du Code de commerce sont la reproduction des articles 435 et 436 du Code français.

Nicaragua (Code du 12 mars 1869).

ART. 526. — Le droit d'action à raison des dommages éprouvés par la cargaison se prescrit par un an à condition que dans le délai de 24 heures après la livraison une protestation

légalisée soit formulée et notifiée au capitaine personnellement ou au moyen d'une signification, sans quoi le droit d'action disparaît avec l'expiration des 24 heures.

ART. 527. — Le droit d'action relatif au paiement du fret ou
au règlement d'avaries communes se prescrit par 6 mois après
la livraison des objets, et demeure inefficace, si dans les
24 heures après la livraison, aucune protestation légalisée
n'est ordonnée et signifiée au sujet du paiement qui a eu lieu.

Norwège (Loi du 24 mars 1860).

ART. 79. — ..... Si celui qui a subi la perte en cas d'abordage entend rendre le navire responsable, il doit adresser sa
réclamation au tribunal dans les six mois qui suivent la connaissance qu'il a eue de l'accident.

Pays-Bas (Code du 1er octobre 1838).

ART. 746. — Toute action contre le capitaine et les assureurs,
pour dommages arrivés à la marchandise chargée, est non
recevable, si la marchandise a été reçue sans la visite et l'estimation ordonnées par la loi, ou si le dommage n'étant pas
visible à l'extérieur, la visite et l'expertise n'ont pas eu lieu
dans le délai prescrit par la loi.

Les actions en réparation du préjudice causé par l'abordage
se prescrivent par trois ans (Sirey. *Rép. alph.*, v° *Abordage*,
n° 469).

Pérou (Code du 15 mai 1853).

Les principes sont les mêmes que ceux suivis à Costa-Rica
et au Mexique.

Portugal (Code du 1er janvier 1889).

ART. 699. — Le protêt pour pertes et dommages résultant
de l'abordage de navires sera formulé dans les trois jours à
l'autorité du lieu où l'événement se produit, ou du premier
port où le navire abordera, sous peine que, à défaut de ce faire,
l'action en indemnité ne soit pas admise. Le défaut de réclamation en ce qui concerne les dommages causés aux person-

nes et aux marchandises ne préjudicie pas aux intéressés qui ne se trouvaient pas à bord, et qui étaient empêchés de manifester leur volonté.

Roumanie (Code du 1/13 septembre 1887).

Les art. 677 et 945 sont la reproduction des art. 665 et 923 du Code italien.

Salvador (Code du 1er mai 1882).

Les articles 1233, 1238 sont la reproduction des articles 1319, 1320 du Code chilien. (Voir Chili.)

Surinam (Code de 1869).

L'article 724 du Code de cette colonie correspond à l'article 744 du Code néerlandais. (Voir Pays-Bas.)

Turquie (Code de 1864).

ART. 281. — Sont non recevables.....

Toutes actions en indemnités pour dommages causés par l'abordage dans un lieu où le capitaine a pu agir s'il n'a point fait de réclamation.

ART. 282. — Les protestations et réclamations sont nulles, si elles ne sont faites et signifiées dans les quarante-huit heures, et si dans trente et un jours de leur date, elles ne sont suivies d'une demande en justice.

Uruguay.

L'article 1020 du Code de l'Uruguay reproduit l'art 1004 du Code de la République Argentine.

Vénézuéla (Code de 1873).

ART. 751. — S'éteignent.

3. Les actions en réparation du préjudice provenant de l'abordage des navires si le capitaine n'a pas fait de protestation en temps utile.

Cette disposition n'est pas applicable au cas où l'abordage a entraîné la perte totale du navire.

Les protestations dont il est parlé dans le présent article n'ont aucun effet :

1..... Si elles ne sont pas faites et notifiées dans les vingt-quatre heures ;

2. Si quand elles ont été faites et notifiées en temps utile, elles ne sont pas suivies d'une demande en justice dans les trente jours de la notification.

ART. 753. — En cas d'abordage de navire, en quelque endroit qu'il soit survenu, les vingt-quatre heures dont parle l'article qui précède, commencent à courir du moment où le capitaine a pu faire sa protestation.

Projet de loi scandinave.

ART. 284. — Les créances pour lesquelles, d'après la présente loi, le créancier ne peut exercer ses droits que sur les objets sur lesquels il a un privilège s'éteignent, si elles n'ont pas été suivies d'une demande en justice, dans les délais suivants :

Les créances dues pour indemnité du chef d'abordages, dans les deux ans après que les dommages sont survenus ;

Les contributions aux avaries communes et aux frais qui doivent être répartis d'après les règles semblables à celles qui sont établies pour les avaries communes (voir § 162, 2° alinéa et § 219, 2° alinéa), dans un an à partir de la date de la dispache ;

Les créances dues pour indemnité du chef des marchandises perdues ou détériorées, dans un an à compter de la fin du déchargement, s'il s'opère au lieu de destination de la cargaison ;

Les créances dues pour indemnité du chef de cas autres que ceux prémentionnés, dans un an à compter du jour où celui qui a souffert les dommages en a eu connaissance ;

Toutes les autres créances maritimes, dans un an à partir de leur date d'échéance.

Le privilège qui, aux termes du § 269, n° 2, appartient au capitaine et à l'équipage, s'éteint, si la créance n'a pas été suivie d'une demande en justice, dans un an à compter du jour où leur service cessait. Si en d'autres cas, le débiteur est tenu personnellement d'une créance, garantie par un privilège, le privilège s'éteint également à l'expiration des délais fixés ci-dessus.

Résolutions votées par le Congrès international de Bruxelles.

L'action en paiement de l'indemnité d'abordage ou d'assistance n'est subordonnée à aucune formalité préalable. Elle est prescrite deux ans après la fin du voyage du navire abordé ou assistant, si ce voyage peut être achevé et, s'il ne peut l'être, à partir du moment où l'intéressé aura pu agir utilement. Néanmoins, si une action en indemnité pour cause d'abordage est intentée en temps utile, l'assigné pourra y opposer une demande reconventionnelle.

RÉSUMÉ

Délai de la protestation.

24 heures à compter du moment où le capitaine a pu agir : En Angleterre, Autriche-Hongrie, Belgique, Chili, Colombie, Costa-Rica, Dominicaine (Rép.), Espagne, France, Grèce et îles Ioniennes, Guatémala, Haïti, Honduras, Malte, Mexique, Monaco, Nicaragua, Pérou, Salvador, Vénézuéla.

48 heures : Égypte, Turquie.

3 jours : Italie, Portugal, Roumanie.

Aucun délai : Allemagne, Argentine (République), Brésil, Curaçao, Danemark, Finlande, Japon (projet de code), Norwège, Pays-Bas, Suède, Surinam, Uruguay.

Signification de la protestation.

24 heures à compter du moment où le capitaine a pu agir : Belgique, Chili, Colombie, Costa-Rica, Rép. Dominicaine, France, Grèce et îles Ioniennes, Guatemala, Haïti, Honduras, Malte, Monaco, Nicaragua, Salvador, Vénézuéla.

48 heures : Égypte, Turquie.

Aucune signification nécessaire : Allemagne, Angleterre, Curaçao, Danemark, Espagne, Finlande, Italie, Mexique, Norwège, Pays-Bas, Pérou, Portugal, Roumanie, Suède, Surinam.

Prescription de l'action.

30 jours à compter de la signification de la protestation : Vénézuéla.

31 jours à compter de la protestation : Égypte, Turquie.

Un mois à compter de la protestation : Belgique, France, Grèce et îles Ioniennes, Haïti, Malte, Monaco.

Deux mois, à compter de la protestation : Mexique, Pérou.

Deux mois à compter de la signification de la protestation : Chili, Colombie, Costa-Rica, Guatémala, Honduras, Salvador.

Six mois à compter de la connaissance du sinistre : Norwège.

Un an à compter de la connaissance du sinistre : Italie, Roumanie.

Un an à compter de la protestation : Japon (projet de code), Nicaragua.

Deux ans à compter du retour du navire dans un port finlandais : Finlande.

Deux ans à partir du sinistre : Allemagne, Angleterre, Argentine (République), Brésil, Espagne, Suède, Uruguay.

Trois ans à partir du sinistre : Curaçao, colonies hollandaises des Indes, Pays-Bas, Surinam.

CHAPITRE PREMIER

De l'abordage maritime. — Des fins de non-recevoir.

§ I. — DÉFINITION DE L'ABORDAGE MARITIME

France. 1. — En droit maritime et dans le sens purement juridique de l'article 407 du Code de commerce, l'abordage est le choc de navires l'un contre l'autre ; c'est-à-dire : le heurt de deux ou plusieurs bâtiments de mer, navires, bateaux ou barques (1).

2. — Les règles édictées en matière de droit maritime ne s'appliquent pas aux bateaux ne faisant qu'une navigation intérieure (Bruxelles, 8 décembre 1884, *Rev. intern. du droit marit.*, I, p. 169 ; Anvers, 31 mars 1887, *ibid.*, III, p. 221. *Pandectes belges*, v° *Abordage*, n° 7 ; *Pandectes françaises*, *cod. v°*, n° 6 ; *Rép.* Sirey, *cod. v°*, n°ˢ 332 à 339 ; Saint-Nazaire, 22 mars 1889, *Rev. intern. du dr. marit.*, V, p. 55).

3. — Par contre elles sont applicables en France : 1° à tout bâtiment de mer, en quelque lieu que se soit produit l'abordage ; 2° à tout bâtiment de rivière faisant au moment de l'abordage une navigation maritime (de Valroger, V, n° 2346 ; Desjardins, V, n° 1077).

La navigation est maritime quand elle a lieu « sur la mer, dans les ports, sur les étangs et canaux où les eaux sont salées, et jusqu'aux limites de l'inscription maritime sur les fleuves et rivières affluant directement ou indirectement à la mer » (Décret du 19 mars 1852, *S.* Lois annotées, 1852, p. 85. Voir décisions citées dans Sirey, *Rép. alph.*, v° *Abordage*, n°ˢ 12 à 24, notamment Rouen, 4 mai 1880, *D.* 81, 2, 123).

4. — Les dispositions du décret du 9 avril 1883 concernant les

---

(1) En allemand : *zusammenstoss von schiffen ;* en anglais : *collision of ships ;* en espagnol : *abordaje ;* en italien : *urto di nave ;* en portugais : *abalroçao.*

bateaux à vapeur qui naviguent sur les fleuves, rivières, canaux lacs ou étangs d'eau douce, cessent d'être applicables à l'em-bouchure des fleuves en aval d'une limite qui, pour chaque fleuve est déterminée par un décret rendu après enquête, sur le rapport du ministre des travaux publics et du ministre de la marine. L'article 68 du même décret ajoute : « Les bateaux naviguant à la fois en aval et en amont de la limite où cesse pour chaque fleuve l'application du présent décret, sont assu-jettis en sus des prescriptions dudit décret, au régime des bateaux de mer ».

5. — Conformément à ces principes le tribunal de commerce de Nantes a décidé que l'abordage survenu au-dessous de Nantes dans les eaux maritimes de la Loire, entre barques et bateaux de toute nature, est maritime (*N.* 1868, 1, 212 ; *Sic*, Rouen, 8 avril 1859, 15 et 23 mai 1860 ; *H.* 59, 2, 289 ; 61, 2 134 et 139 ; Bordeaux, 23 fév. 1863, *II*, 63, 2, 218 ; Rennes, 4 déc. 1867, *II.* 68, 2, 181 ; Desjardins, V, p. 9, VIII, p. 248).

Allemagne. 6. — Les règles de l'abordage maritime sont applicables à un bateau-réserve de poissons qui doit être con-sidéré comme bâtiment de mer (Tribunal sup. hanséatique, 30 nov. 1885, *Rev. intern. du dr. marit.*, II, p. 451) (1).

Belgique. 7. — La Cour de cassation belge cassant un juge-ment d'Anvers, du 5 juillet 1882, a décidé le 21 juin 1883 que pour déterminer si un abordage est maritime ou non, il faut s'attacher à la nature du navire (*A.* 1883, 1, 257). Toutefois le tribunal d'Anvers, maintenant sa jurisprudence antérieure, a décidé le 4 avril 1884 (*A.* 1884, 1, 254) que pour décider si l'a-bordage est maritime, il faut se demander si la navigation était maritime.

Italie. 8. — Le Code italien de 1882 ne reproduit pas la dis-tinction entre l'abordage maritime et l'abordage fluvial. Les règles tracées dans le titre II s'appliquent à la navigation en général, qu'elle ait lieu sur mer, sur les fleuves, sur les canaux, sur les lacs, sur les étangs (Benfante, *Urto di navi*, p. 41).

(1) Le § 54 de la loi introductive du Code de commerce allemand à Hambourg, étend aux bâtiments de rivière, les dispositions du Code de commerce aux navires ou bâtiments de mer.

§ II. — QUAND Y A-T-IL LIEU A PROTESTATION

France. 9. — La protestation est nécessaire quand il y a *abordage maritime*, c'est-à-dire choc entre navires, bateaux ou barques, dans les conditions déterminées ci-dessus. Même quand l'abordage semble fortuit, ou dû à la faute commune, il y a lieu de protester, pour éviter la forclusion d'une demande reconventionnelle (Nantes, 23 fév. 1878, *N*. 78, 1, 106 ; de Valroger, V, n° 2343 ; Desjardins, VIII, p. 248).

10. — Le choc d'une chatte contre un bateau de plaisance, dans un port, constitue un abordage. L'action en indemnité à raison de ce choc, est donc soumise à une protestation dans les 24 heures (Marseille, 23 déc. 1880, *M*. 1881, 1, 68).

11. — La protestation n'est pas nécessaire quand il y a choc entre un navire et un autre corps quelconque flottant ou non.

12. — Par exemple :

Quand un navire entrant dans un port se heurte à la chaîne d'un autre navire (Marseille, 27 janvier 1871, *M*. 1871, 1, 64).

Quand pour éviter un abordage, on a coupé l'amarre d'un navire (Bordeaux, 11 janvier 1875, *M*. 1875, 2, 29).

Quand un navire a heurté un ponton (Marseille, 7 novembre 1878, *M*. 1879, 1, 23 ; Bordeaux, 13 décembre 1860, *M*. 1861, 2, 112) ; une estacade (Douai, 13 mai 1859, *S*. 60, 2, 9).

Quand un navire cause une avarie à une madrague (Marseille, 17 août 1840, *M*. 20, 1, 1).

Quand un navire heurte un bateau à laver (Nantes, 6 juin 1883, *M*. 1884, 11, 114).

Ou contre un chaland submergé (Nantes, 7 mai 1881, *M*. 1882, 11, 112).

Quand un navire heurte un quai (Anvers, 31 mars 1887, *Rev. intern. du droit marit.*, III, p. 221).

Rapprocher : Nantes, 18 juillet 1885, *ibid.*, II, p. 40 ; Seine, 2 juin 1887, *ibid.*, III, p. 169.

13. — Il y a lieu à protestation aussi bien en cas de perte totale qu'en cas d'avarie (Req. 26 juin 1882, *D*. 83, 1, 331). Cass., 21 avril 1874, *S*. 75, 1, 97 ; Sibille, n° 108 ; de Fresquet,

p. 64; de Valroger, V, n° 2348 ; Caumont, v° *Abordage*, n° 283 et
suiv.; *Pandectes belges*, v° *Abordage*, n° 317 et suiv.; tribunal de
Rotterdam, 12 juin 1872, *Belg. Jud.*, XXX, p. 1087; *Pandectes
françaises*, v° *Abordage*, n° 249 et les nombreuses décisions
qui y sont citées; Anvers, 19 juin 1875, *A.* 1875, 1, 265; Desjardins, VIII, p. 251).

14. — Il n'y a pas non plus lieu à distinguer si le choc s'est
produit à un moment où l'un des deux bâtiments, détourné temporairement de sa destination habituelle, formait provisoire-
ment corps mort et servait de limite dans des régates (Caen,
3 mars 1885, *Rev. intern. du dr. marit.*, II, p. 261).

15. — Les art. 435 et 436 ne concernent pas les dommages
causés aux personnes (blessures et mort) par un abordage
(Bordeaux, 20 déc. 1853, *N.* 54, 2, 9; Aix, 29 janvier 1866, *M.*
66, 1, 127; Lyon-Caen, *Rev. Crit.* 1883, p. 356; *contrà*, Desjardins, VIII, p. 252).

Italie. 15. — L'abordage contre une drague ne constitue pas
un abordage maritime, et l'action en réparation d'avaries est
réglée par l'art. 1151 du Code civil (Cour d'appel de Venise,
3 mars 1876, *Racc.*, XXVIII, 2, 431).

Même quand il s'agit d'une drague à vapeur qui peut naviguer par ses propres moyens pour jeter au large des résidus.
(Cour d'appel de Venise, 5 avril 1883, *Foro Ital.*, 1883, I,
764; Benfante, *Urto di navi*, p. 36).

La Cour de cassation de Florence a jugé que le terme *navire*
comprenait tout bateau destiné à la navigation (19 mai 1882,
Foro Ital., 1, 530).

§ III. — FORMES DE LA PROTESTATION

France. 16. — La loi n'ayant pas déterminé les formes de la
protestation, on considère comme protestation régulière tout
document manifestant de la part du capitaine l'intention de
protester contre l'abordage dont son navire vient d'être victime.

Par exemple :

1° Le rapport de mer du capitaine rédigé et affirmé suivant

les prescriptions des articles 242 et suiv., Code de com.,
relatant l'abordage et contenant des réserves contre l'abordeur.
(Cass., 26 juin 1882, *S.* 82, 1, 346 ; *D.* 83, 1, 33).

2° Le procès-verbal du sinistre dressé par l'autorité compétente (dans l'espèce, le maire de la commune) sur la réquisi-
tion du navire abordé (Cass., 19 novembre 1856, *S.* 57, 1, 33,
D. 57, 1, 605).

17. — La protestation bien que non assujettie à aucune
forme sacramentelle doit cependant contenir toutes les mentions nécessaires à son efficacité, indiquer par exemple les
dates, an, mois, jour et heure, ainsi que le lieu du sinistre, en
déterminer autant que possible les causes et les effets, en dé-
signant, si cela se peut, le nom du navire abordeur et de son
capitaine.

L'abordé agira prudemment en joignant à sa protestation
une réserve de tous ses droits contre l'abordeur.

18. — Quand ce dernier est inconnu, le capitaine ne doit pas
se contenter de raconter les circonstances de l'abordage, en
faisant son rapport de mer, le jour de son arrivée devant l'autorité compétente du premier port où il touche.

Il devra, ainsi que nous venons de le dire, annoncer son intention de réclamer une indemnité contre l'auteur du préjudice aussitôt que celui-ci sera connu ; et faire constater, en
attendant, l'ignorance où il se trouve à cet égard, avec réserve
de tous ses droits (Caumont, v° *Abordage*, n° 264 ; Sibille, p. 179;
Rennes, 28 nov. 1836 ; Aix, 2 février 1858, *S.* 59, 2, 109 ; Anvers, 4 février 1860, *A.* 60, 1, 270. Voir aussi : Havre, 2 juin
1885, *Rev. intern. du dr. marit.*, I, p. 240).

19. — La protestation peut être remplacée par des équivalents
et notamment par une expertise (Bordeaux, 17 février 1876, *II.*
79, 2, 114 ; de Valroger, n° 2351).

20. — La protestation faite par un capitaine anglais devant
le consul de sa nationalité et suivant les formes de la loi anglaise
peut être considérée comme étant faite le jour de l'abordage,
alors même que le procès-verbal dressé par le consul le jour
du sinistre n'a été signé que le surlendemain (Rouen, 2 juin 1886,
Rev. intern. du droit marit., II, p. 276).

21. — Si l'abordage survient en pleine mer ou dans un lieu

où il est impossible d'agir immédiatement, le capitaine n'est pas obligé d'interrompre son voyage pour faire sa protestation au port le plus voisin ; il peut attendre son arrivée au port de destination pour s'acquitter de cette obligation (Poitiers, 14 janvier 1863, S. 63, 2, 111 , D. 63, 2, 65 ; Sirey, Rép., v° *Abordage*, n° 248 et les auteurs cités. Voir également Douai, 13 mai 1859, S. 60, 2, 9).

22. — Il va de soi que si le navire était obligé de faire une relâche la protestation devrait être faite au port où le capitaine a pu agir et dans le délai fixé de vingt-quatre heures (arrêt de Poitiers précité. Sirey, Rép., eod. verbo, n° 251).

23. — Dans la pratique, la protestation est contenue généralement dans l'acte que l'on signifie à l'abordeur. (Voir formule, à la fin de l'ouvrage.)

Elle peut être faite dans le rapport de mer.

Devant le président du tribunal de commerce du port de destination quand l'abordage a eu lieu en pleine mer (Poitiers, 14 janvier 1863, S. 63, 2, 111 ; D. 63, 2, 65 ; Sibille, n° 171 ; Ruben de Couder, n° 13).

Devant le juge de paix ou son suppléant à défaut de toute autorité trouvée sur les lieux (Havre, 2 nov. 1858, *Journ. Trib. com.*, VIII, p. 161).

Devant le commandant d'une station militaire en un port qui a servi de refuge au navire après la collision (Bordeaux, 15 mai 1866, M. 66, 2, 180 ; Ruben de Couder, n° 13).

Devant le consul ou devant toute autorité locale ou officier public compétent.

Devant le maire du lieu où se trouvait l'abordeur avant son départ (Cass., 17 nov. 1858, S. 59, 1, 728).

§ IV. — QUI PEUT FAIRE LA PROTESTATION

France. 24. — La protestation peut être faite non seulement par le capitaine, mais encore :

Par l'armateur (Rennes, 3 août 1832, S. 32, 2, 547 ; Montpellier, 31 mars 1873, S. 73, 2, 165, D. 74, 2, 58 ; Morel, p. 379 ; Alauzet, V, n° 2374 ; Sirey, Rép., v° *Abordage*, n° 240).

Par le chargeur au nom et dans l'intérêt des consignataires
(Rennes, 3 août 1832, précité).

Par les propriétaires de la cargaison, dans leur intérêt (Rouen,
2 juin 1886, *Rev. intern. du dr. marit.*, II, p. 285).

Par le gardien du navire dans le cas où il n'y avait à bord que
ce gardien (Marseille, 29 février 1860, *M.* 60, 1, 48 ; Ruben de
Couder, v° *Abordage*, n° 6).

En général par toute personne faisant partie de l'équipage
ou ayant un intérêt dans le chargement.

25. — En cas de disparition du capitaine les déchéances pro-
noncées par les articles 435 et 436 peuvent être étendues au
second ou au subrécargue (Montpellier, 10 juillet 1889, *Rev.
intern. du dr. marit.*, V, p. 204 ; Desjardins, VIII, p. 253 ;
Boistel, n° 1450 ; *contrà :* Douai, 5 juillet 1886, *Rev. intern. du
dr. marit.*, II, p. 258 ; Cass., 29 décembre 1857, *D.* 58, 1, 106 ;
Aix, 12 mai 1857, *S.* 57, 2, 721, *D.* 58, 2, 13). Il semble toutefois résulter de ces arrêts que, dans ce cas, les intéressés qui
ne sont pas à bord doivent protester dans les vingt-quatre
heures du moment où la connaissance du sinistre leur parvient,
et introduire dans le mois une demande en justice.

Sauf l'hypothèse dont nous venons de parler, la loi subordonne la recevabilité de l'action à la diligence du capitaine
(Voir sur ce point très important le n° 63.)

§ V. -- SIGNIFICATION

France. 26. — La signification prescrite par l'article 436 est
la notification à l'abordeur de la protestation dont il vient
d'être parlé. Elle se fait en France dans la forme ordinaire des
actes d'huissier, à l'étranger le plus souvent par l'intermé-
diaire du consul de l'abordé (de Valroger, n° 2351).

La règle *locus regit actum* permet du reste, quand il y a lieu
à signification de la protestation à l'étranger, de recourir à
l'officier public ou à l'agent ayant compétence pour la rédiger
et la faire parvenir à sa destination.

27. — La formalité de la signification est substantielle et le
capitaine français ou étranger qui s'adresse aux tribunaux

français ne saurait invoquer pour échapper à la déchéance résultant du défaut de signification dans les vingt-quatre heures soit la loi de son pays, soit la loi du pays où l'abordage s'est produit, la règle *locus regit actum* s'appliquant à la forme de l'acte et non au délai dans lequel il doit être accompli (Rouen, 2 juin 1886, *Rev. intern. du dr. marit.*, II, p. 276; Cass., 26 juin 1882, *S.* 82, 1, 346, *D.* 83, 1, 33).

Le dépôt d'un acte de protestation chez le consul ou chez un notaire ne peut tenir lieu de la signification exigée par l'article 436. (Voir arrêt Rouen précité; Cass., 26 juin 1882, *II.* 82, 2, 62; Cass., 17 novembre 1858, *S.* 59, 1, 728, *D.* 59, 1, 32.)

28. — Ne peuvent être non plus considérés comme des équivalents à la signification prescrite par l'article 436, de relever le capitaine abordé de la déchéance encourue ;

L'avis demandé à un avocat pour saisir le navire abordeur ;

Ni une requête non signifiée, présentée par le consignataire du navire abordé en nomination d'experts ;

Ni la démarche faite par l'avocat des chargeurs près du consul de France du port où l'abordage a eu lieu ;

Ni la signification faite en France aux propriétaires du navire abordeur, dans les vingt-quatre heures du sinistre par ces mêmes chargeurs et leurs assureurs dans leur intérêt (Rouen, 2 juin 1886, *Rev. intern. du dr. marit.*, II, p. 276; voir sur le dernier point, Rouen, 27 novembre 1876, *II.* 77, 2, 2, *M.* 78, 2, 126, et le n° 30 ci-dessous).

Il n'y a pas lieu à signification de protestation lorsque sur la demande des réclamateurs, le consignataire du navire fait procéder à l'arbitrage des marchandises et reçoit leurs factures, tant pour les marchandises laissées pour compte que pour les réfactions arbitrées (Havre, 27 mars 1888 ; *II.* 1888, 1, 146).

Belgique. 29. — Le mot signifier dont se sert l'article 222 de la loi du 22 août 1879 a le sens de notifier par ministère d'huissier. La signification d'une protestation par un télégramme est donc insuffisante pour sauvegarder les droits de l'abordé. (Bruxelles, 1er février 1887, *Rev. intern. du dr. marit.*, III, p. 72 ; *contrà* : Desjardins, VIII, p. 260 ; Havre, 20 août 1879, *II.* 79, 1, 269).

§ VI. — PAR QUI ET A QUI DOIT ÊTRE FAITE LA SIGNIFICATION

France. 30. — Les personnes qui ont le droit de protester ont le droit de signifier la protestation (voir le n° 24).

La signification peut être faite soit au capitaine, soit au propriétaire du navire ou à son représentant (Cass., 19 mars 1834, S. 34, 1, 797; Rennes, 11 décembre 1865, M. 66, 2, 98).

Soit contre le navire lui-même, quand son nom seul et son port d'attache sont connus, celui du capitaine ou de l'armateur ne l'étant pas (Rouen, 29 décembre 1880, H. 82, 2, 1).

Mais non à l'affréteur du navire (Marseille, 20 janvier 1880, M. 1880, 1, 91).

Le capitaine n'est dispensé de signifier la protestation que s'il ignore tout à la fois le nom et la nationalité du navire abordeur et du capitaine (Rennes, 4 décembre 1867, H. 68, 2, 181; Marseille, 9 déc. 1856, H. 57, 2, 41).

31. — On reconnaît généralement que la signification de l'acte de protestation n'est pas soumise, pour sa validité, à la notification à personne ou à domicile, conformément à l'article 68, C. proc. civ. (Cass., 17 nov. 1858, S. 59, 1, 728, D. 59, 1, 32; Lyon-Caen et Renault, n° 2018; Sirey, *Rép.*, v° *Abordage*, n° 259).

Jugé en conséquence que lorsque le capitaine auteur de l'abordage a quitté son ancrage et ne peut être retrouvé, la signification est valablement faite au maire du lieu où il se trouvait avec son navire avant le départ (Cass., 17 nov. 1858, précité; Poitiers, 26 juillet 1886, *Rev. intern. du dr. marit.*, II, p. 290 et les autorités citées en note).

Ou au maire de la commune dans la circonscription de laquelle l'abordage a eu lieu (Rennes, 17 août 1857, précité).

Ou au consul du navire abordeur (Aix, 10 février 1869, H. 70, 2, 189; Havre, 12 nov. 1868, H. 69, 1, 227).

32. — Si le capitaine abordeur, après avoir débarqué le capitaine abordé dans un port de relâche, continue sa route et ne peut être retrouvé, il faut distinguer si le port de relâche est français ou étranger.

33. — Dans la première hypothèse, si le capitaine abordeur est Français et que l'on connaisse son domicile, le capitaine abordé pourra signifier sa protestation à la mairie du port de relâche, sauf à la réitérer au domicile réel du capitaine ou de l'armateur, par surcroît de précaution.

34. — Si le capitaine est étranger la signification peut être faite au parquet du tribunal (art. 69, 9°, P. C.), ou à la mairie (arrêt de Poitiers précité), ou à la porte du prétoire quand son domicile à l'étranger est inconnu (Cass., 19 novembre 1856, S. 57, 1, 83, D. 57, 1, 60).

35. — Si la relâche a lieu à l'étranger le capitaine abordé doit notifier sa réclamation dans les vingt-quatre heures soit entre les mains du consul français, soit entre les mains de l'autorité nationale du capitaine abordeur, soit, à défaut de consul, entre les mains de l'autorité locale (Cass., 18 août 1878, S. 79, 1, 5).

36. — Il semble résulter des décisions les plus récentes de la jurisprudence (voir notamment Cass., 26 juin 1882, S. 82, 1, 346, D. 83, 1, 33) que la signification de la protestation est absolument nécessaire et doit être remplie à peine de nullité et cela, que le capitaine abordeur puisse ou non être touché par la signification.

37. — Est valable la protestation faite et signifiée à la requête des propriétaires de la cargaison d'un navire abordé et de leurs assureurs aux armateurs du navire abordeur dans l'un de leurs principaux établissements (Rouen, 2 juin 1886, *Rev. intern. du dr. marit.*, II, p. 285).

Allemagne. 38. — Le Code de commerce n'exige nullement qu'on désigne, parmi les personnes de l'équipage, l'auteur de la faute. Il suffit que ce soit une personne de l'équipage, peu importe laquelle, le capitaine, un officier, le pilote, pourvu qu'il s'agisse d'un pilote ordinaire, lequel fait partie de l'équipage (1).

La détermination précise de la personne qui a commis la faute n'a d'intérêt qu'au point de vue du recours du capitaine (Tribunal de l'Empire, 24 sept. 1881, *Rev. intern. du dr. marit.*, II, p. 47).

____

(1) Voir en cas de pilotage obligatoire, les n° 206 et s.

§ VII. — DÉLAIS DE LA PROTESTATION ET DE LA SIGNIFICATION

France. 39. — D'après les articles 435 et 436 la protestation et la signification doivent être faites dans les 24 heures.

Ce délai part du moment où le capitaine a eu la possibilité d'agir (Cass., 29 mars 1882, *S.* 82, 1, 346, *D.* 82, 1, 403 ; Marseille, 20 janvier 1885, *Rev. intern. du dr. marit.*, I, p. 40).

40. — Il appartient aux tribunaux de déterminer ce moment (Cass., 4 mars 1861, *S.* 61, 1, 425, *D.* 61, 1, 113. *Sic*, Sirey, *Rép.*, v° *Abordage*, et les autorités citées).

Le capitaine peut être dans l'impossibilité d'agir :

S'il a dû rester à bord par suite du mauvais temps pour veiller à la sûreté de son navire (Marseille, 21 mars, 1865, *D.* 65, 5, 3).

A raison de la nécessité où il a été de faire son rapport (Bédarride, V, n° 2022 ; Ruben de Couder, n° 5.)

S'il n'a pas rencontré d'officier ministériel pour signifier sa protestation (Aix, 9 juillet 1874, *D.* 76, 5, 2 ; Rennes, 20 avril 1880, *II.* 82, 2, 1, *M.* 82, 2, 96).

S'il a dû remplir certaines formalités pour se conformer à la loi du pays où il se trouvait (Aix, 18 février 1859, *II.* 59, 2, 203).

41. — Le capitaine est non recevable si étant resté à son bord au lieu d'agir, il ne démontre pas qu'il s'est trouvé dans un cas de force majeure le mettant dans l'impossibilité d'agir (Cass., 29 mars 1882, *S.* 82. 1, 346, *D.* 82, 1, 403 ; Rouen, 29 déc. 1880, *II.* 82, 2, 1 ; Rennes, 22 nov. 1882, *II.* 84, 2, 68).

Le capitaine du navire abordé ne peut invoquer l'impossibilité d'agir, lorsque le capitaine du navire abordeur n'a quitté le port où le sinistre est survenu que le lendemain de l'abordage dans l'après-midi, que lui-même est resté dans ce port où il a fait sa protestation et qu'il n'a d'ailleurs rien signifié depuis, soit en touchant à un port français, soit en rentrant à son port d'attache (Rouen, 2 juin 1886, *Rev. intern. du dr. marit.*, II, p. 276).

42. — Le délai de 24 heures doit être calculé d'heure à heure (Rennes, 4 décembre 1867, *II.* 68, 2, 181 ; 22 novembre 1882, précité ; Nantes, 12 décembre 1874, *N.* 75, 1, 11 ; *Sic*, de

Valroger, n° 2355; Lyon-Caen et Renault, n° 2019; Sibille, n° 165; Desjardins, VIII, p. 265. *Contrà*, Alauzet, V, n° 2577; Ruben de Couder, n° 25).

43. — Il est donc utile que la signification mentionne l'heure à laquelle elle est faite.

Si cette mention n'est pas faite, le demandeur peut y suppléer par une preuve ou du moins par des présomptions (Rennes, 22 novembre 1882, *II*. 84, 2, 68).

44. — Il est suspendu pendant les jours fériés, et doit être calculé d'heure à heure en faisant abstraction de cet intervalle (Alger, 8 février 1887, *Rev. intern. du dr. marit.*, III, p. 181; Cass., 20 novembre 1871, S. 71, 1, 183; Lyon-Caen et Renault, II, n° 2019, p. 283; de Valroger, V, n° 2357; Bédarride, V, n° 2023, p. 531; Alauzet, VI, n° 2377, p. 609).

La protestation est donc valablement faite le surlendemain, si le lendemain du jour du sinistre était un dimanche ou un jour férié (Cass., 20 novembre 1871, S. 71, 1, 183, *D*. 72, 2, 79; *Sic*, de Valroger, n° 2357; Boulay-Paty, IV, p. 609; Bédarride, V, n° 2023; Boistel, p. 1082; Alauzet, V, n° 2377 : Rivière, *Réflex. sur le Code de commerce*, p. 674; Dageville, IV, p. 224; Caumont, n° 285; Morel, p. 377; Desjardins, VIII, p. 266).

Pour déterminer les jours fériés il faut se référer à la loi du pays où les significations auraient dû être faites sans tenir compte de la religion des capitaines (Aix, 12 juillet 1871, S. 72, 2, 33; *Sic*, Lyon-Caen et Renault, n° 2019; de Valroger, n° 2357; Sirey, *Rép.*, v° *Abordage*, n° 294).

Cette observation est surtout importante dans les pays mahométans (voir arrêt d'Aix, précité).

45. — Le délai de vingt-quatre heures est-il susceptible d'augmentation à raison de la distance entre le lieu où se fait la signification et celui où est domiciliée la personne qu'elle doit atteindre ?

Pour l'affirmative, voir Cass., 22 août 1864, *S*. 64, 1, 403, *D*. 64, 1, 356; *Sic*, Bédarride, n° 2017 et suiv.

Pour la négative : Cass., 18 août 1878; S. 70, 1, 5; *D*. 78, 1, 454; Rouen, 27 novembre 1876, *M*. 78, 2, 126. *Sic*, Lyon-Caen et Renault, n° 2019; de Valroger, n° 2356; Sirey, *Rép.*, v° *Abordage*, n° 300.

46. — Doit être considérée comme faite le jour de l'abordage, la protestation faite par un capitaine anglais et reçue par le consul anglais dans un procès-verbal signé le surlendemain du sinistre, alors que ce procès-verbal constate qu'il a été dressé le jour même (Rouen, 2 juin 1886, *Rev. intern. du dr. marit.*, II, p. 285).

Belgique. 47. — Le délai de 24 heures (art. 232-233 de la loi du 21 août 1879) ne court qu'à partir de la fin du voyage (Anvers, 13 avril, 28 avril 1888, *Rev. intern. du dr. marit.*, IV, p. 187 et 189).

Il peut être prolongé quand l'abordeur est inconnu (Anvers, 27 juin 1884, cité par Desjardins, VIII, p. 275).

§ VIII. — DEMANDE EN JUSTICE

France. 48. — La demande en justice ne peut être remplacée par des équivalents, notamment par une requête à fins d'expertise (Cass., 10 avril 1865, S. 65, 1, 283, D. 65, 1, 229. *Sic*, Alauzet, V, p. 1628; Bédarride, V, n° 1995; Boistel, n° 1085; Cauvet, II, n° 399; Ruben de Couder, n° 87; de Valroger, n° 2357; *Rép. Sirey*, v° *Abordage*, n° 302; Desjardins, VIII, p. 268).

Ni par l'entérinement d'un rapport préalablement déposé, (Bordeaux, 4 juin 1862, S. 63, 2, 503, D. 63, 1, 132; *sic*, Caumont, *Fins de non-recevoir*, n° 1 et suiv. *Contrà*, Bédarride, V, n° 2002 et suiv.).

Toutefois des conclusions reconventionnelles (formées dans le délai légal bien entendu), peuvent en tenir lieu.

49. — Le même acte peut contenir à la fois la protestation, la signification et la demande en justice. C'est même ce qui a lieu le plus souvent dans la pratique.

La Cour de Rennes a jugé qu'une assignation pour abordage, donnée dans le délai de la protestation, équivalait à la signification et à la demande en justice (20 avril 1880, *H*. 82, 2, 1; *sic*, Cauvet, II, n° 396, *Rép. Sirey*, v° *Abordage*, n° 301. *Contrà*, Ruben de Couder, n° 89).

50. — Le délai d'un mois court à partir de la signification de la réclamation.

51. — S'il y a eu des pourparlers, à partir de la fin de ces

pourparlers (Bordeaux, 17 fév. 1876. Sous Cass., 18 mars 1878, *S.* 78, 1, 257, *D.* 78, 1, 196 ; *Sic*, de Valroger, n° 2360 ; voir le n° 61 et suiv.).

52. — Ce délai doit être augmenté à raison de la distance conformément à l'article 1033 P. C. (Cass., 22 août 1864 précité. *Sic*, de Valroger, n° 2361 ; Alauzet, V, n° 2372 ; Bédarride, V, n° 1017 ; Caumont, v° *Actions*, n° 23 ; Boistel, n° 1085 ; Ruben de Couder, n° 41 ; Sirey, *Rép.*, v° *Abordage*, n° 305 ; Desjardins, VIII, p. 270).

53. — L'assignation donnée même devant un tribunal incompétent, met le capitaine à l'abri de la déchéance résultant de l'article 436, mais à condition de porter son action devant un tribunal compétent dans le mois du jugement et non de la signification (Rennes, 20 avril 1880, *M.* 82, 11, 96 ; de Valroger, V, n° 2362 ; Desjardins, VIII, p. 271).

54. — L'action de l'abordé est irrecevable si, dans le mois de la protestation et de sa signification, il n'a pas introduit une demande en justice devant le tribunal français, encore bien qu'il ait formé une demande devant le tribunal du lieu de l'abordage, dans le délai fixé par la loi de ce pays (Com. Seine, 3 sept. 1883 ; Clunet, 1884, p. 280).

55. — Une demande d'assistance judiciaire, formée pour obtenir la réparation du dommage causé par un abordage au bateau du demandeur, n'est pas une demande en justice et ne peut en produire les effets. En conséquence, doit être déclarée non recevable, malgré la demande formée par lui, devant l'assistance judiciaire, l'action d'un patron de barque en responsabilité d'un abordage, lorsque cette action a été intentée plus d'un mois après la signification de la protestation (Havre, 12 avril 1886, *H.* 1886, 1, 121).

56. — Ne peut être écartée comme tardive la demande en paiement de la valeur du chargement du bateau abordé, ladite demande dirigée contre le capitaine du navire abordeur, quand le demandeur s'est borné à assigner dans le délai légal le patron et l'armateur du navire abordé, lesquels ont dans le même délai appelé en garantie le capitaine du navire abordeur (Rennes, 14 déc. 1886, *N.* 1887, 1, 341).

57. — La demande en justice doit être introduite dans le

mois de la protestation, qu'il s'agisse d'un abordage survenu en pleine mer comme d'un abordage survenu dans un port ou à ses approches (Cass., 18 août 1878, *S.* 79, 1, 5, *D.* 78, 1, 454; 26 juin 1882, *S.* 82, 1, 346, *D.* 83, 1, 83. *Sic,* de Valroger, n° 2344. *Contrà,* de Courcy, I, p. 204; Boistel, n° 1449).

Angleterre. 58. — Le demandeur dans un procès en abordage doit déposer dans les sept jours de l'assignation, au greffe de la Cour et sous pli cacheté, un « acte préliminaire » qui contient :

1° Les noms des navires qui s'abordèrent, et les noms de leurs capitaines ;

2° Le moment précis de l'abordage ;

3° L'endroit de la collision ;

4° La direction et la force du vent ;

5° L'état du temps ;

6° L'état et la force de la marée ;

9° La direction et la vitesse du navire, au moment où on aperçut l'autre navire ;

8° Les lumières (s'il en portait) ;

7° La distance et la direction de l'autre navire au moment où on l'aperçut ;

10° Les lumières de l'autre navire qui furent vues les premières ;

11° Celle qu'on vit ensuite avant l'abordage ;

12° Les mesures prises (et à quel moment) pour conjurer l'abordage ;

13° Les deux parties des navires qui vinrent tout d'abord en contact.

Le défendeur dépose ensuite un acte semblable. Cet acte préliminaire a pour but d'empêcher les parties de modifier ensuite leur système.

La Cour fait ouvrir quand bon lui semble ces plis cachetés (ordre 19, règle 28).

Cette règle ne s'applique pas aux procès où le navire assigne non pas son abordeur, mais un troisième navire qui par sa manœuvre est le véritable cause de l'abordage qui a eu lieu.

(Haute Cour de justice, div. du Banc de la Reine, 15 janvier 1889, *Rev. intern. du dr. marit.,* V, p. 79.)

§ IX. — DÉCHÉANCES — QUI PEUT LES OPPOSER — A QUI ELLES SONT OPPOSABLES

France. 59. — Les déchéances édictées par les art. 43 5 et 436 constituent des moyens de défense au fond et peuvent être proposées pour la première fois en appel (Cass., 24 nov. 1873, S. 74, 1, 23, D. 75, 1, 51 ; Rouen, 2 juin 1886, *Rev. intern. du dr. marit.*, II, p. 276 ; *Sic*, Lyon-Caen et Renault, n° 2021).

Elles ne sont pas d'ordre public, et il appartient aux tribunaux d'apprécier les actes qui peuvent constituer une renonciation expresse ou tacite à s'en prévaloir (Cass., 21 juillet 1887, *Rev. intern. du dr. marit.*, III, p. 153 ; Havre, 28 décembre 1886, *II.* 1887, 1, 5 ; Cass., 19 novembre ' '6, S. 57, 1, 33, D. 57, 1, 60. *Sic*, de Valroger, n° 2358 ; Ala .., V, n° 2369 ; Bédarride, V, n° 1998 ; Boistel, p. 1087 ; Lyon-Caen et Renault, n° 2021 ; Ruben de Couder, n° 81. Sirey, *Rép., v° Abordage*, n° 311. *Pand. fr., eod. verbo*, n° 236. Belgique : Bruxelles, 17 novembre 1881, *Pasicr. belge*, 82, 2, 354 ; *Pandectes belges*, v° *Abordage*, n° 356 etsuiv.).

61. — Des pourparlers peuvent constituer une renonciation tacite (voir les autorités citées ci-dessus) encore qu'ils n'aient pas abouti (Havre, 13 février 1855, *II.* 55, 1, 59).

Mais ils doivent indiquer le concours réciproque de la volonté des parties et porter précisément sur la responsabilité de l'abordeur, comme par exemple quand deux capitaines visitent les avaries à bord de leurs navires respectifs et conviennent de faire procéder préalablement à une expertise amiable (Havre, 10 février 1879, *II.* 79, 1, 87 ; Rouen, 5 juin 1886 sous Cass., 21 juillet 1887, précité ; Desjardins, VIII, p. 267).

On ne saurait considérer comme des pourparlers les remises sollicitées à l'audience (Rouen, 29 décembre 1880, S. 82, 2, 253).

Ni une lettre adressée au représentant du navire abordeur et restée sans réponse (Havre, 16 février 1868, *II.* 68, 1, 78).

Ni la réponse des représentants de l'abordeur disant qu'il fallait attendre son retour, son rapport de mer et le résultat d'une enquête (Cass., 15 juillet 1872, S. 74, 1, 317, D. 73, 1, 150).

Ni le refus de l'abordeur de s'arranger sur la demande du réclamant (Havre, 8 septembre 1869, *II.* 69, 1, 105).

Ni l'assistance sans réserves des consignataires du navire abordeur provoquée par une citation délivrée huit jours après l'abordage à la requête du capitaine du navire abordé et des chargeurs, à la continuation d'une enquête poursuivie plus de dix jours après le sinistre (Rouen, 2 juin 1886, *Rev. intern. du dr. marit.*, II, p. 276).

62. — Jugé cependant que la déchéance est couverte par la présence de la partie qui pourrait l'opposer aux opérations de l'expertise ordonnée pour rechercher les causes de l'abordage (Nantes, 9 avril 1859, *N.* 59, 1, 209. *Sic*, Belgique : Bruxelles, 3 mars 1870, *A.* 70, 1, 195).

63. — Les actions des chargeurs à raison de l'abordage sont non recevables s'ils n'ont pas fait les formalités prescrites par les articles 435 et 436 (protestation, signification et demande en justice) dans les délais de rigueur prescrits par ces articles, ou si le capitaine ne les a pas faites pour eux. C'est en vain qu'ils invoqueraient leur connaissance tardive du sinistre. La jurisprudence subordonne la recevabilité de l'action à l'accomplissement des formalités ci-dessus relatées et par suite à la diligence du capitaine (Cass., 4 août 1875, *S.* 76, 1, 56 ; 18 août 1878, *S.* 79, 1, 5. *Contrà*, Labbé sous ce dernier arrêt de cassation ; Aix, 11 mai 1857, *S.* 57, 2, 721, *D.* 58, 2, 13 ; Sirey, *Rép.*, v° *Abordage*, n° 257).

64. — Lorsque le capitaine, les armateurs ou les assureurs d u navire abordé sont dans l'impossibilité d'agir, les actions intentées soit par eux, soit par tous autres intéressés, sont recevables lorsqu'elles sont intentées dans un délai moral dont il appartient au juge d'apprécier l'étendue suivant les circonstances.

65. — Spécialement l'action en indemnité pour abordage est recevable lorsque l'abordage a entraîné la perte corps et biens du navire abordé, et que les intéressés demandeurs ont intenté leur action aussitôt qu'ils ont eu recueilli des preuves ou des présomptions suffisantes leur faisant connaître le nom de l'abordé, le nom de l'abordeur et la faute de celui-ci (Havre, 2 juin 1885, *Rev. intern. du dr. marit.*, I, p. 240).

66. — Les fins de non-recevoir des articles 435 et 436 ne sont pas applicables aux actions en indemnité pour dommages causés aux personnes par un abordage (Aix, 29 janvier 1866, *M.* 66,

1, 80. *Sic*, Lyon-Caen et Renault, n° 2023 ; de Valroger, n° 2350, Sirey, *Rép.*, v° *Abordage*, n° 329 ; voir n° 15).

67. — Elles sont opposables à la demande reconventionnelle formée par le capitaine défendeur pour demander le remboursement des avaries causées par l'abordage (Nantes, 23 février 1878, *N*. 78, 1, 106. *Sic*, de Valroger, n° 2343).

68. — Ajoutons que la protestation doit être aussi générale que possible, afin d'éviter toute déchéance sur les points non spécialement visés (Anvers, 23 février 1885, *A*. 85, 1, 149).

69. — Un étranger peut invoquer devant la juridiction française les fins de non-recevoir tirées des art. 435 et 436, bien que l'abordage ait eu lieu à l'étranger et entre navires étrangers (Paris, 1er août 1888, *Rev. intern. du dr. marit.*, IV, p. 388).

70. — Même entre étrangers et quand l'abordage a eu lieu à l'étranger (Marseille, 1er juillet 1886, *M*. 1886, 1, 126).

Belgique. 71. — Jugé que lorsqu'un étranger (capitaine hollandais) actionne devant les tribunaux belges le capitaine du navire prétendu abordeur (belge), le demandeur doit avoir satisfait aux prescriptions de la loi belge du 21 mars 1879 (art. 232 et 233). Peu importe que la loi hollandaise et celle du port de relâche ne contiennent pas les prescriptions de la loi belge ; le demandeur est soumis aux déchéances et prescriptions de cette dernière loi (*lex fori*).

La règle *locus regit actum* ne peut s'appliquer qu'aux actes de pure forme (Ostende, 8 mars 1888, *Pand. Pér. belges*, 1888, 1081).

Grèce. 72. — Les articles 435 et 436 du Code de commerce s'appliquent en général à tous les abordages, et par conséquent ils sont applicables à l'abordage entre un bâtiment de guerre et un bâtiment de commerce (arrêt n° 68 de 1885 de l'Aréopage d'Athènes, *Rev. intern. du dr. marit.*, I, p. 402).

§ X. — DES FINS DE RECEVOIR DES ARTICLES 435 ET 436 EN CAS DE REMORQUAGE

France. 73. — En cas de remorquage les protestations devraient en droit strict être dirigées contre l'auteur de la faute. En fait, il sera plus prudent de protester contre le remorqueur et le remorqué (Desjardins, VIII, p. 249).

Il y a lieu à protestation contre un remorqueur qu'on veut rendre responsable d'une collision entre deux navires, dont l'un était remorqué, bien que le remorqueur soit resté lui-même en dehors de l'abordage (Rennes, 17 août 1857, *P.* 58, 1032 ; 11 décembre 1865, *N.* 66, 1, 73 ; de Valroger, nº 2347).

74. — Mais les fins de non-recevoir sont inapplicables à l'action intentée par le capitaine du navire remorqué contre le capitaine du remorqueur qui l'a abandonné au moment de l'abordage.

Cette action repose sur l'inexécution du contrat de remorquage (Pau, 12 mars 1878, *S.* 79, 2, 267).

Dès lors, si après que le remorqueur a lâché l'amarre, le navire remorqué vient à se perdre par suite de la violence du courant, le remorqueur est responsable d'après les règles du droit commun (Cass., 27 janv. 1880, *S.* 82, 1, 201, *D.* 80, 1, 401 ; Sirey, *Rép.*, vº *Abordage*, nºˢ 327, 328).

CHAPITRE II

De l'abordage fortuit.

§ I. — DÉFINITION ET EXEMPLES

France. 75. — L'abordage est fortuit quand « il est un effet du hasard et qu'on ne peut l'imputer ni à l'intention, ni à la maladresse, ni à la négligence de personne » (Exposé des motifs, nº 29).

76. — L'abordage est, hors les hypothèses prévues par le Règlement international de 1884, présumé causé par cas fortuit ou par force majeure, c'est donc au demandeur à prouver la faute à laquelle il attribue l'abordage (Rouen, 20 déc. 1880, *S.* 82, 2, 253 ; Pardessus, III, nº 653 ; Delvincourt, II, p. 272 ; Sirey, *Rép.*, vº *Abordage*, nº 61 ; *Pandectes françaises*, eod. verbo, nºˢ 10 et 22).

77. — L'abordage a été considéré comme fortuit :

Quand un navire, à la suite d'une tempête, perd ses ancres et rompt ses amarres, et en aborde ainsi un autre (Emerigon, ch. 12, sect. 14) ;

Quand il est demeuré inévitable par suite de la brume et du voisinage de la côte (Grenoble, 22 nov. 1872, *S.* 73, 2, 269) ;

Quand un navire, ayant perdu son fanal de position par accident de mer, l'a remplacé par un fanal de fortune non réglementaire, et a été abordé, pendant la nuit, par un navire trompé par le feu qu'il avait en vue (Havre, 3 juin 1879, *II.* 79, 1, 228) ;

Lorsqu'un commandement donné par le capitaine à temps et à distance convenables pour approcher d'un navire, afin de prendre langue, a été mal entendu et exécuté en sens contraire (Marseille, 22 décembre 1824) ;

Lorsque la collision ne s'est produite que parce qu'un capitaine, qui n'avait pas d'autre moyen de salut, a été obligé de couper les câbles d'un autre navire pour éviter un naufrage imminent (Emerigon, 1, p. 416 ; Dageville, IV, p. 531 ; Delvincourt, II, p. 272. *Contrà :* Pardessus, II, n° 655 ; Sirey. *Rép.,* v° *Abordage,* n° 59) ;

Si un capitaine de vapeur aperçoit au dernier moment les feux d'un voilier, et ne peut arriver à prévenir l'abordage, en faisant les manœuvres prescrites par le règlement (Havre, 26 décembre 1888, *Rev. intern. du dr. marit,* IV, p. 545) ;

Quand l'abordage s'est produit pendant la nuit entre deux vapeurs, par un temps de brume très intense, alors que l'on ne peut d'ailleurs établir aucune faute contre l'un ou l'autre des deux capitaines (Aix, 31 juillet 1888, *Rev. intern. du dr. marit.,* IV, p. 142 ; Rouen, 28 décembre 1887, *ibid,* III, p. 543) ;

Quand le capitaine d'un vapeur dont la route croise celle d'un voilier aperçoit au dernier moment le feu rouge d'un voilier en travers devant lui et fait immédiatement machine en arrière, avec la barre toute à tribord pour éviter le voilier. Si malgré cette manœuvre un abordage se produit, il doit être considéré comme fortuit (Havre, 26 décembre 1888, *Rev. intern. du dr. marit.,* IV, p. 545).

Belgique. 77. — On doit considérer comme fortuit l'abordage résultant de la confusion que doit engendrer la divergence des feux des navires de mer et ceux des bateaux d'intérieur quand le navire abordeur n'a d'ailleurs commis aucune contravention aux règles de la navigation applicables (1).

États-Unis. 78. — Doit être considéré comme fortuit l'abordage causé par un navire qu'une tempête fait chasser sur ses ancres (*The John Perkins*, 21 Law Rep. 87).

Italie. 79. — L'abordage est fortuit ou causé par la force majeure quand un capitaine, à la suite de circonstances exceptionnelles, n'a pu donner à son navire une autre direction, sans s'exposer à des dangers plus directs et immédiats (Florence, Cass., 1882, *Foro Ital.*, 1826).

§ II. — DE LA RÉPARATION DU DOMMAGE EN CAS D'ABORDAGE FORTUIT

France. 80. — L'abordage fortuit étant un événement « dont quelqu'un peut souffrir mais dont nul ne doit répondre » (Exposé des motifs, n° 29), chaque navire garde le mal qu'il a reçu (Caumont, v° *Abordage*, n° 11 ; Sirey, *Rép.*, v° *Abordage*, n° 52. *Pandectes françaises*, *eod. verbo*, n° 17).

81. — L'avarie des marchandises, résultant d'un abordage fortuit, reste à la charge de la cargaison, sans que le navire doive y contribuer (Valin, sur l'art. 10 de l'ord., Titre des avaries ; Vincau, *Législ. comm.*, III, n° 197 ; *Pandectes françaises*, v° *Abordage*, n° 18).

82. — En un seul cas les avaries résultant d'un abordage causé par cas fortuit ou par force majeure pourraient être classées en avaries communes, ce serait quand l'abordage a été causé volontairement, en vue d'éviter un sinistre plus grave, par exemple un naufrage (de Valroger, n° 2099 ; Vidari, *Corso di diritto commerc.*, n° 3325 ; Benfante, *Urto di navi*, p. 51).

---

(1) Un arrêté royal en date du 8 janvier 1889 a institué une commission chargée d'étudier les modifications à apporter à cette situation.

CHAPITRE III

De l'abordage fautif.

§ I. — DÉFINITION

France. 83. — L'abordage fautif est « celui qui est dû à la faute de l'un des capitaines (art. 407) » ou d'une personne de l'équipage.

La faute peut résulter :

De l'inobservation des prescriptions expresses du règlement international de 1884, qui constitue dans tous les pays une présomption de faute (1).

De l'omission des précautions « commandées par l'expérience du marin et les circonstances particulières où se trouvait le bâtiment » (Aix, 24 mars 1895, *Rev. intern. du dr. marit.*, I, p. 41).

Il ne suffirait donc pas en principe que le capitaine n'eût pas exécuté une manœuvre de nature à empêcher l'abordage, si la loi ou l'usage ne l'y obligeait pas (Cass., 7 juillet 1835, *S.* 35, 1, 840, *D.* 35, 1, 388 ; Rouen, 13 juin 1848, *M.* 49, 2, 25 ; 12 janvier 1864, *N.* 64, 2, 37 ; Havre, 4 avril 1860, *H.* 60, 1, 85).

84. — Les juges apprécient souverainement le degré de responsabilité du capitaine (Cass., 1er avril 1889, *Rev. intern. du dr. marit.* V, p. 7 ; Cass., 20 juin 1881, *S.* 82, 1, 33 ; Cass., 28 juillet 1880, *S.* 80, 1, 350 ; Cass., 30 juin 1879, *S.* 81, 1, 109 ; *Pand. fr.*, v° *Abordage*, n° 25).

85. États-Unis. — Une erreur commise au moment du péril imminent d'un abordage produit par la faute d'autrui, ne rend pas le premier capitaine responsable (Morton P. Henry, p. 245).

86. — On ne saurait attendre de nous une énumération de toutes les fautes qui peuvent être commises par les capitaines. Aussi nous bornerons-nous à rappeler les décisions intervenues

(1) Voir notamment les décisions américaines citées par Morton P. Henry, p. 240.

sous le texte des articles du règlement international de 1884.

87. — Rappelons, avant d'aborder cet ordre d'idées, que l'inobservation du règlement constitue une présomption de faute contre le capitaine, mais cette présomption n'est pas invincible, et les tribunaux conservent leur pouvoir d'appréciation (Lyon-Caen et Renault, II, p. 2009).

88. **États-Unis.** — Décidé que les règles internationales (Acte du 3 mars 1885, 23 stat. at Large 438) doivent l'emporter sur les règles locales des inspecteurs surveillants, à la sortie du port de New-York dans le canal de Gidney (Cour du district Sud de New-York, *Rev. intern. du dr. marit.*, III, p. 95).

§ II. — FAUTES PROVENANT DE L'INOBSERVATION DES RÉGLEMENTS

Règlement international du 1er septembre 1884.

DÉFINITION DES NAVIRES A VOILES ET A VAPEUR AU POINT DE VUE DE L'ABORDAGE

89. — ART. I. — Tout navire à vapeur qui ne marche qu'à l'aide de ses voiles est considéré comme bâtiment à voiles ; et tout navire à vapeur dont la machine est en action est considéré comme navire à vapeur, qu'il se serve de ses voiles ou qu'il ne s'en serve pas.

§ III. — RÉGLES CONCERNANT LES FEUX

a. — *Signaux. Feux.*

90. — ART. II. — Les feux mentionnés dans les articles suivants numérotés 3, 4, 5, 6, 7, 8, 9, 10 et 11 doivent être tenus allumés par tous les temps depuis le coucher du soleil jusqu'à son lever.

Le règlement ne prescrit pas qu'il y ait des feux de rechange (v. nº 77).

Feux des vapeurs.

91. — ART. III. — Tout navire à vapeur de mer, quand il est en marche, doit porter :

a) Sur le mât de misaine, ou en avant du mât de misaine à une hauteur d'au moins 6 mètres au-dessus du plat-bord, et, si la largeur du navire est de plus de 6 mètres, à une hauteur au-dessus du plat-bord au moins égale à la largeur du navire, un feu blanc brillant placé de manière à fournir une lumière uniforme et sans interruption sur tout le parcours d'un arc horizontal de vingt quarts ou rumbs de vent. Il devra être fixé de telle sorte que la lumière se projette de chaque côté du navire depuis l'avant jusqu'à deux quarts du travers de l'arrière.

La portée de ce feu devra être assez grande pour qu'il soit visible à cinq milles de distance, par une nuit noire, mais atmosphère pure (1).

b) A tribord, un feu vert établi de manière à projeter une lumière uniforme et sans interruption sur tout le parcours d'un arc horizontal de dix quarts du compas, compris entre l'avant du navire et deux quarts de l'arrière du travers à tribord ; il doit avoir une portée telle qu'il soit visible au moins à deux milles de distance, par une nuit noire, mais atmosphère pure.

c) A bâbord, un feu rouge établi de manière à projeter une lumière uniforme et sans interruption sur tout le parcours d'un arc horizontal de dix quarts du compas, compris entre l'avant du navire et deux quarts de l'arrière du travers à bâbord ; il doit avoir une portée telle qu'il soit visible à au moins deux milles de distance, par une nuit noire, mais atmosphère pure.

d) Ces feux de côté, vert et rouge doivent être pourvus du côté du navire par rapport à eux, d'écrans se projetant en avant d'au moins 91 centimètres ; de telle sorte que leur lumière ne puisse pas être aperçue de tribord devant pour le feu rouge et de bâbord devant pour le feu vert.

b. -- *Feux du navire à vapeur qui remorque un autre bâtiment.*

92. — ART. IV. — Tout navire à vapeur qui remorque un autre bâtiment, doit porter, outre ses feux de côtés, deux feux

____

(1) Le mille vaut 1852 mètres, c'est le tiers d'une lieue marine.

blancs brillants placés verticalement à 91 centimètres de distance au moins l'un au-dessus de l'autre afin de le distinguer des autres bâtiments à vapeur. Chacun de ces feux doit être du même genre et installé de la même manière que le feu blanc brillant porté au mât de misaine par les autres navires à vapeur.

c. — Signaux de jour et de nuit à bord de bâtiments qui ne sont pas maîtres de leurs mouvements.

93. — ART. V. — a) Tout navire à voiles ou à vapeur qui, par une cause accidentelle, n'est pas libre de ses mouvements, doit, si c'est pendant la nuit, mettre à la place assignée au feu blanc brillant que les bâtiments à vapeur sont tenus d'avoir en avant du mât de misaine, trois feux rouges placés dans des lanternes sphériques d'au moins 25 centimètres de diamètre et disposées verticalement à une distance l'une de l'autre d'au moins 91 centimètres; ils doivent avoir une telle portée qu'ils soient visibles à au moins deux milles de distance, par une nuit noire, mais atmosphère pure; si c'est le jour, il doit porter en avant de la tête du mât de misaine et pas plus bas que cette tête de mât, trois boules noires de 61 centimètres de diamètre chacune, placées verticalement l'une au-dessous de l'autre, à une distance d'au moins 91 centimètres.

b) Tout navire à voiles ou à vapeur, employé soit à poser, soit à relever un câble télégraphique, doit, si c'est pendant la nuit, mettre à la place assignée au feu blanc brillant que les bâtiments à vapeur sont tenus d'avoir en avant du mât de misaine, trois feux placés dans des lanternes sphériques d'au moins 25 centimètres de diamètre et disposées verticalement à une distance l'une de l'autre d'au moins 1 m. 82; le feu supérieur et le feu inférieur devront être rouges et celui du milieu devra être blanc, et les feux rouges devront avoir la même portée que le feu blanc. Si c'est le jour, il doit porter en avant de la tête du mât, trois boules de 61 centimètres de diamètre au moins chacune, placées verticalement l'une au-dessous de l'autre à une distance d'au moins 1 m. 82; la boule supérieure et la boule inférieure devront être de forme sphérique et de couleur rouge, et celle du milieu devra être de la forme d'un diamant (deux cônes réunis par la base) et de couleur blanche.

c) Les navires cités dans cet article ne doivent pas avoir de feux de côté allumés lorsqu'ils n'ont aucun sillage ; ils doivent au contraire les tenir allumés s'ils sont en marche, soit à la voile, soit à la vapeur.

d) Les lanternes et les boules que cet article oblige à montrer, servent à avertir les autres navires que celui qui les montre n'est pas manœuvrable et, par suite, ne peut se garer. Les signaux que doivent faire les bâtiments en détresse et demandant du secours sont spécifiés dans l'article 27.

94. — CONVENTION INTERNATIONALE DU 14 MARS 1884, POUR LA PROTECTION DES CABLES SOUS-MARINS ET DES NAVIRES TÉLÉGRAPHIQUES

États adhérents : Allemagne, Confédération Argentine, Autriche-Hongrie, Belgique, Brésil, Costa-Rica, Danemark, République Dominicaine, Espagne, États-Unis d'Amérique, États-Unis de Colombie, France, Grande-Bretagne, Grèce, Guatémala, Italie, Pays-Bas, Perse, Portugal, Roumanie, Russie, Salvador, Serbie, Suède et Norwège, Turquie, Uruguay.

Loi française réprimant les infractions à la convention du 14 mars 1884 (*Revue internationale du droit marit.*, I, p. 452. Circulaire du ministre de la marine française sur l'exécution de cette convention, du 31 juillet 1888, *ibid.*, IV, p. 213).

d. — *Feux des navires à voiles.*

95. — ART. VI. — Tout navire à voiles qui fait route ou qui est remorqué, doit porter les feux indiqués par l'art. 3 pour un bâtiment à vapeur en marche, à l'exception du feu blanc qu'il ne doit avoir en aucun cas.

Feux exceptionnels à bord des petits navires à voiles.

ART. VII. — Toutes les fois que les feux de côté rouge et vert ne pourront pas être fixés à leur poste, comme cela a lieu à bord des petits navires pendant le mauvais temps, on devra tenir ces feux sur le pont, à leurs côtés respectifs du bâtiment, allumés et prêts à être montrés. Si on approche d'un autre bâtiment, ou si on en est approché, on doit montrer ces feux à leurs bords respectifs en temps utile pour empêcher l'abordage, les placer de manière qu'ils soient le plus visibles possible et de telle sorte que le feu vert ne puisse pas s'apercevoir de bâbord, ni le feu rouge de tribord.

Afin de rendre plus facile et plus sûr l'emploi de ces feux portatifs, les lanternes doivent être peintes extérieurement de la couleur du feu qu'elles contiennent et munies d'écrans convenables.

c. — *Feux pour les navires au mouillage.*

ART. VIII. — Tout navire soit à voiles, soit à vapeur doit, lorsqu'il est au mouillage, avoir un feu blanc dans une lanterne sphérique d'au moins 20 centimètres de diamètre, placé le plus en vue possible à une hauteur au-dessus du plat-bord qui n'excède pas 6 mètres ; ce feu doit montrer une lumière claire, uniforme, sans interruption et visible tout autour de l'horizon à une distance d'au moins un mille.

France. 95. — Le fait d'avoir suspendu le fanal d'éclairage non à l'étai, ce qui permet de l'apercevoir de loin, mais sur l'avant de l'étrave constitue une faute qui engage la responsabilité du capitaine (Rennes, 6 février, 1874, *N.* 1874, 1, 212).

Aucun bâtiment ne doit placer ses fanaux de couleur avant que l'ancre n'ait lâché le fond, et avant qu'il ne soit prêt à se mettre en mouvement (Dunkerque, 29 janvier 1884, *M.* 1884, 2, 8).

Le capitaine d'un steamer qui aperçoit à tribord le feu blanc d'un voilier doit supposer qu'il se trouve en présence d'un navire au mouillage et doit présumer qu'en continuant sa route il passera à une distance suffisante de ce voilier ; en se portant sur tribord il commet donc une faute (Havre, 18 mars 1889, *Rev. intern. du dr. marit.*, V, p. 217).

Angleterre. 96. — Lushinton a résumé la jurisprudence anglaise en disant que les feux devaient être placés de manière à produire tout l'effet prévu (*described*) par le règlement. (Voir décisions citées par Desjardins, V, p. 25, note 3.)

Un remorqueur à vapeur, sans mâts ni vergues, construit

pour passer sous les ponts, avait placé ses feux sur le toit de sa cuisine, laquelle était haute de quatre pieds et large de cinq. Les fanaux étaient placés sur une barre horizontale, le vert à droite, le rouge à gauche, le feu blanc brillant au centre. Jugé que le règlement n'avait pas été exécuté (*The Louisa,* Holt's Rule of the Road, 15).

Belgique. 97. — Un navire à la dérive ne doit pas être assimilé à un navire au mouillage au point de vue de l'art. 8 du règlement du 1er août 1880. Il est donc en faute en ne portant qu'un feu blanc en tête du mât ; il doit porter les feux prescrits par l'art. 3 du règlement.

La circonstance qu'un navire n'a pas ses feux réglementaires n'exonère point de toute responsabilité celui qui l'aborde, si celui-ci a néanmoins reconnu la présence dudit navire et n'a pas fait les manœuvres possibles pour l'éviter (Anvers, 27 juillet 1888, *A.* 88, 1, 382).

Italie. — Le capitaine qui n'a pas de feux à bord, ou qui ne les allume pas quand il a les fanaux à bord, est responsable sur ses biens propres des conséquences de cette omission (Florence, Cass., 24 nov. 1870, *Ann.* IV, 1, 356).

f. — *Feux pour bateaux pilotes.*

98. — Art. IX. — Les bateaux pilotes quand ils sont sur leur station de pilotage pour leur service, ne doivent pas porter les mêmes feux que les autres navires ; ils doivent avoir à la tête du mât un feu blanc, visible tout autour de l'horizon ; ils doivent également montrer, à de courts intervalles, ne dépassant jamais quinze minutes, un ou plusieurs feux intermittents.

Quand un bateau pilote n'est pas dans sa zone et occupé au service du pilotage, il doit porter les mêmes feux que les autres navires.

g. — *Feux pour bateaux de pêche.*

99. — Art. X. — Les embarcations non pontées et les bateaux de pêche de moins de 20 tonneaux (jauge nette), étant en marche sans avoir leurs filets, chaluts, dragues ou lignes à l'eau, ne seront pas obligés de porter les feux de couleur de côté, mais dans ce cas chaque embarcation ou chaque bateau devra, en leurs lieu et place, avoir prêt sous la main un fanal muni sur l'un des côtés d'un verre vert et sur l'autre d'un verre rouge ; et, s'il approche d'un navire ou s'il en voit approcher un, il devra montrer ce fanal assez à temps pour prévenir un abordage, et de manière que le feu vert ne soit pas vu sur le côté de bâbord, ni le feu rouge sur le côté de tribord.

(La partie suivante de cet article s'applique seulement aux bateaux et embarcations de pêche, au large de la côte d'Europe, dans le nord du cap Finistère).

a) Tous les bateaux et toutes les embarcations de pêche de vingt tonneaux (jauge nette) et au-dessus, lorsqu'ils sont en marche et ne se trouvent pas dans l'un des cas où ils ont à montrer les feux désignés par les prescriptions suivantes de cet article, doivent porter et montrer les mêmes feux que les autres bâtiments en marche.

b) Tous les bateaux qui seront en pêche avec des filets flottants ou dérivants, devront montrer deux feux blancs placés de manière qu'ils soient le plus visibles possible. Ces feux seront disposés de façon que leur écartement vertical soit de 1 m. 70 au moins et de 3 m. au plus ; et de manière aussi que leur écartement horizontal mesuré dans le sens de la quille du navire, soit de 1 m. 50 au moins et de 3 m. au plus. Le feu inférieur devra être le plus sur l'avant, et les deux feux devront être placés de telle sorte qu'ils puissent être aperçus de tous les points de l'horizon, par une nuit noire, une atmosphère pure, à une distance de trois milles au moins.

c) Un bateau pêchant à la ligne et ayant ses lignes dehors devra porter les mêmes feux qu'un bateau de pêche avec des filets flottants ou dérivant.

d) Si un bateau de pêche devient stationnaire par suite d'un engagement de son appareil de pêche dans un rocher ou tout autre obstacle, il devra montrer le feu blanc et faire le signal de brume d'un bâtiment au mouillage.

e) Les bateaux de pêche et les embarcations non pontées peuvent en toute circonstance faire usage d'un feu intermittent (c'est-à-dire alternativement montré et caché), en plus des autres feux exigés par cet article.

Tous les feux intermittents montrés par un bateau qui chalute, drague ou pêche avec un filet à drague quelconque, devront être montrés à l'arrière du bateau. Toutefois, si le bateau est tenu par l'arrière à son chalut, à sa drague ou à son filet à drague, le feu intermittent devra être montré de l'avant.

f) Chaque bateau de pêche ou embarcation non pontée étant à l'ancre, entre le coucher et le lever du soleil, devra montrer un feu blanc visible tout autour de l'horizon à une distance d'un mille au moins.

g) Par un temps de brume, un bateau en pêche avec des filets flottants ou dérivants et attaché à ses filets, un bateau chalutant, draguant ou pêchant avec des filets à drague quelconques, un bateau pêchant à la ligne et ayant ses lignes dehors, devra, à intervalles de deux minutes au plus, sonner alternativement du cornet de brume et de la cloche.

France. 100. — Le navire en marche doit éviter le navire en pêche (Havre, 18 nov. 1865, et 5 sept. 1883, *II.* 65, 1, 229, 83, 1, 235).

Le navire en marche est donc en principe responsable de l'abordage d'un bateau de pêche pendant la nuit, lorsque celui-ci était porteur des feux prescrits par les règlements (jugement du Havre du 5 sept. 1883, précité).

Il en est surtout ainsi lorsque le bateau de pêche est sur son chalut, position qui ne lui permet pas de manœuvrer (Havre, 7 avril 1860, *II.* 60, 1, 94).

§ IV. — TOUT NAVIRE RATTRAPÉ DOIT MONTRER UN FEU

101. — ART. XI. — Un navire qui est rattrapé par un autre bâtiment doit montrer au-dessus de sa poupe un feu blanc ou un feu intermittent destiné à avertir le navire qui approche.

France. 102. — Ne peut réclamer de dommages-intérêts le navire qui a été abordé pendant la nuit, par temps clair, par un navire venant par derrière, alors que l'abordé ne portait pas à l'arrière, le feu blanc prescrit par l'article dont s'agit. Le feu d'habitacle, alors surtout qu'il est masqué par un des pavois, ne peut le suppléer (Havre, 11 juillet, 1888, *II*. 85, 1, 172.)

Angleterre. 103. — Le vapeur est exonéré de la responsabilité de l'abordage quand le voilier a tardivement montré sou flambeau pour faire connaître sa position au vapeur qui le gagnait, alors que ses lumières de côté pouvaient être cachées (Cour de l'Amirauté de Dublin, 18 nov. 1886, *Rev. intern. du dr. marit.*, II, p. 726).

§ V. — SIGNAUX PHONIQUES PAR TEMPS DE BRUME, BROUILLARD OU NEIGE

104. — ART. XII. — Tout navire à vapeur doit être pourvu :

1° D'un sifflet à vapeur ou de tout autre système efficace de sons au moyen de la vapeur placé de manière que le son ne soit gêné par aucun obstacle;

2° D'un cornet de brume d'une sonorité suffisante et qu'on puisse faire entendre au moyen d'un soufflet ou de tout autre instrument ;

3° D'une cloche assez puissante (1).

Tout navire à voiles doit être pourvu d'un cornet et d'une cloche analogue.

En temps de brume, de brouillard ou de neige, soit de nuit, soit de jour, les avertissements indiqués ci-dessous seront employés par les bâtiments.

a) Tout navire à vapeur lorsqu'il est en marche, doit faire entendre un coup prolongé de son sifflet à vapeur ou de tout autre mécanisme à vapeur à des intervalles qui ne doivent pas excéder deux minutes.

b) Tout navire à voiles, lorsqu'il est en marche, doit faire les signaux suivants, avec son cornet, à des intervalles de deux minutes au plus : un coup lorsqu'il est tribord amures ; deux coups, l'un après l'autre, quand il est bâbord amures ; **trois coups**, l'un après l'autre, quand il a le vent de l'arrière du travers.

---

(1) Dans tous les cas où ce règlement prescrit l'emploi d'une cloche, un tambour sera substitué à cet instrument à bord des navires ottomans.

c) Tout navire, à voiles ou à vapeur, qui ne fait pas route doit sonner la cloche à des intervalles qui n'excèdent pas deux minutes.

France. 105. — On ne peut reprocher à un capitaine le défaut ou l'insuffisance de fonctionnement de la sirène de son navire quand il est établi que peu de temps avant l'abordage la sirène d'ailleurs puissante de ce navire avait été réglée à trente secondes d'intervalle et à quatre secondes de son (Rouen, 26 déc. 1887, *Rev. intern. du dr. marit.*, III, p. 543).

§ VI. — DE L'OBLIGATION DE MODÉRER LA VITESSE EN CAS DE BRUME, NEIGE OU BROUILLARD

106. — Art. 13. — Tout navire soit à voiles, soit à vapeur ne doit aller qu'à une vitesse modérée pendant les temps de brouillard, de brume ou de neige.

France. 107. — Les tribunaux sont souverains appréciateurs de la modération de la vitesse (Cass., 1er avril 1889, *Rev. intern. du dr. marit.*, V, p. 7).

Pour que la vitesse exagérée puisse être retenue comme élément de faute, il faut qu'il y ait un rapport direct entre cette vitesse et la collision qui s'est produite (Cass., 1er avril 1889, *Rev. intern. du dr. marit.*, V, p. 7; Cass., 19 mars 1888, *ibid.*, III, p. 663).

La responsabilité d'un capitaine existe s'il est établi que malgré un temps de brume, il marchait avec une assez grande vitesse, et qu'en apercevant le danger, il n'a même pas ralenti sa marche (Bordeaux, 30 juillet 1888, *Rev. intern. du dr. marit.*, IV, p. 259).

On ne la ralentit qu'au moment où l'abordage est imminent (Havre, 20 décembre 1887, *H.* 1888, 1, 267).

On ne peut considérer comme excessive, même en temps de brume, une vitesse de six nœuds à l'heure pour un navire dont l'allure normale est de 11 nœuds 50 (Aix, 20 juillet 1888, *Rev. intern. du dr. marit.*, IV, p. 142).

On ne peut prétendre que le capitaine d'un vapeur de très fort tonnage (*Champagne* de la Cie Transatlantique) marchait avec une vitesse excessive lorsqu'il est prouvé qu'il marchait avec une vitesse de quatorze nœuds et demi; cette allure est la marche normale des paquebots de fort tonnage, pour lesquels il est nécessaire de conserver une certaine vitesse leur permettant d'évoluer facilement et de prendre le plus vite possible la direction commandée par la vue ou la perception des sons suivant les circonstances. Il en est ainsi surtout, lorsque le capitaine a ralenti cette vitesse dès qu'il a entendu le sifflet du navire voisin et qu'au moment même de l'abordage, il ne marchait plus qu'à une allure de sept nœuds (Rouen, 28 décembre 1887, *Rev. intern. du dr. marit.*, III, p. 543 ; Cass., 1er avril 1889, *ibid.*, V, p. 7).

Un capitaine est en faute pour avoir maintenu la vitesse de son navire à dix nœuds à l'heure, malgré la brume, s'il est constaté que cette vitesse excessive du navire ait influé sur le sinistre, qu'elle l'ait causé ou aggravé (Montpellier, 10 juillet 1889, *Rev. intern. du dr. marit.*, V, p. 204).

Angleterre. 108. — Un capitaine est en faute quand, naviguant dans le brouillard, il ne stoppe pas et ne fait pas machine en arrière immédiatement en entendant le sifflet d'un navire à vapeur tout ou presque à l'avant (Cour d'appel, 19 janvier 1886, Clunet, 1888, p. 89).

États-Unis. 109. — Un vapeur a été déclaré en faute pour avoir maintenu sa vitesse à sept milles à l'heure par temps de brouillard (Cour de district du Delaware, 7 juin 1887, *Rev. intern. du dr. marit.*, III, p. 361).

Ou pour ne pas avoir marché aussi lentement qu'il peut le faire sans abandonner son sillage (Clunet, IX, p. 91).

§ VII. — RÈGLES RELATIVES A LA ROUTE ET A LA MANIÈRE DE GOUVERNER

110. — Art. XIV. — Quand deux navires à voiles font des routes qui les rapprochent l'un de l'autre de manière à faire courir le risque d'abordage, l'un des deux s'écartera de la route de l'autre, d'après les règles suivantes:

a) Le navire qui court largue doit s'écarter de la route de celui qui est au plus près.

b) Le navire qui est au plus près bâbord amures doit s'écarter de celui qui est au plus près tribord amures.

c) Si deux navires courent largue, mais avec les amures à bords différents, le bâtiment qui a le vent par bâbord, s'écarte de la route de celui qui le reçoit par tribord.

d) Si les deux navires courent largue ayant tous deux le vent du même bord, celui qui est au vent doit s'écarter de la route de celui qui est sous le vent.

e) Le bâtiment qui est vent arrière doit s'écarter de la route de l'autre navire.

111. — *b, c)* Voir : Marseille, 25 février 1859 et la note, *M.* 59, 1, 133 ; Caumont, n° 203 ; Valin, II, p. 184 ; Cleirac, p. 71 ; Sibille, n° 245 ; Desjardins, n° 1092.

Belgique : Anvers, 18 avril 1884.

e) France : Rennes, 9 juin 1833, Caumont, n° 116 ; Marseille, 15 avril 1856 et Aix, 2 février 1858, *M.* 56, 1, 42, 58, 1, 56 ; Havre, 12 janvier 1857, *II.* 57, 1, 13 ; Poitiers, 5 mai 1880, *II.* 80, 2, 148.

Belgique : Anvers, 18 janvier 1862, *A.* 62, 1, 152.

Suède. 112. — Le navire qui navigue au plus près bâbord amures doit s'écarter de celui qui navigue tribord amures. Le premier doit venir sur tribord, et le second n'a qu'à continuer sa route (Cour suprême, 30 avril 1886, *Rev. intern. du dr. marit.* et la note de M. Beauchet).

Navires à vapeur. ART. 113. — ART. XV. — Si deux navires marchant à la vapeur courent l'un sur l'autre en faisant des routes directement opposées ou à très peu près de manière à faire craindre un abordage, chacun d'eux devra venir sur tribord afin de laisser l'autre navire à bâbord.

Cet article s'applique uniquement au cas où les bâtiments ont le cap l'un sur l'autre en suivant des rumbs de vent tout à fait ou presque tout à fait opposés, de telle sorte que l'abordage soit à craindre. Il ne s'applique pas à des navires qui, s'ils continuent leurs routes, se croiseront certainement sans se toucher.

Les seuls cas que vise cet article sont ceux dans lesquels chacun des bâtiments a le cap l'un sur l'autre, les deux plans longitudinaux étant complètement ou à très peu près sur le prolongement l'un à l'autre ; en d'autres termes, les cas dans lesquels, pendant le jour, chaque bâtiment voit les mâts de l'autre navire l'un par l'autre ou à très peu près et tout à fait ou à très peu près dans le prolongement de son cap ; et pendant la nuit, le cas où chaque bâtiment est placé de manière à voir les deux feux de côté de l'autre.

Il ne s'applique pas au cas où pendant le jour, un bâtiment en aperçoit un autre droit devant lui et coupant sa route ; ni au cas où, pendant la nuit, chaque bâtiment présentant son feu rouge, voit le feu de même couleur de l'autre navire ; où chaque bâtiment présentant son feu vert voit le feu de même couleur de l'autre navire ; ni au cas où un bâtiment aperçoit droit devant lui un feu rouge sans voir de feu vert, ou aperçoit droit devant lui un feu vert sans voir de feu rouge ; enfin ni au cas où un bâtiment aperçoit à la fois un feu vert et un feu rouge dans toute autre direction que devant ou à peu près.

France. 114. — Cet article est applicable dans la partie maritime des fleuves, notamment dans la Seine (Rouen, 24 février 1888, *H.* 1888, 2, 43 ; Cass., 5 avril 1886, *Rev. intern. du dr. marit.*, II, p. 12 ; *H.* 1886, 2, 151).

À l'entrée comme à la sortie des ports (Havre, 28 mai 1882, *H.* 82, 1, 83).

L'article 15 (règle de tribord) suppose que les deux bâtiments, étant en vue l'un de l'autre, ont pu se rendre exactement compte qu'ils se trouvaient dans les seuls cas prévus par cet article ; il n'est pas applicable lorsque le temps étant brumeux les deux navires ne se sont aperçus qu'au moment même où l'abordage a eu lieu. Il faut alors apprécier et examiner les circonstances de l'abordage, conformément aux indications fournies par l'art. 23 du règlement (Cass., 19 mars 1888, *Rev. intern. du dr. mrit.*, III, p. 663) .

On ne saurait reprocher à un capitaine d'avoir fait suivre à son navire une fausse direction, lorsqu'il est démontré qu'ayant entendu, par un temps de brume, à l'avant d'abord presque droit, puis un peu à bâbord, les coups de sifflet d'un navire voisin, ledit capitaine a observé la règle de tribord (Rouen, 28 décembre 1887, *Rev. intern. du dr. marit.*, III, p. 543).

L'art. 15 n'est applicable que si la situation respective des deux bâtiments peut être constatée par la vue, c'est-à-dire si pendant le jour le personnel de chaque bâtiment, voit les mâts de l'autre, tout à fait ou à très peu près dans le prolongement de son cap, et si, pendant la nuit, chaque bâtiment est placé de manière à voir les deux feux de côté de l'autre. Par suite, la manœuvre à tribord cesse d'être obligatoire dans le cas où à raison d'une brume intense, les navires ne sont devenus visibles l'un pour l'autre qu'au moment de l'abordage, et ce quels que soient les coups de sifflet qui aient pu être entendus de part et d'autre (Cass., 19 mars 1888, *Rev. intern. du dr. marit.*, III, p. 663).

L'art. 15 ne vise que le cas où chacun des deux bâtiments a le cap sur l'autre et où pendant la nuit, chaque bâtiment est placé de manière à voir les deux feux de côté de l'autre. En conséquence ne commet pas une faute le capitaine qui entendant le sifflet d'un navire par tribord devant, lance son steamer sur bâbord. Il en est ainsi surtout lorsqu'il est établi que le capitaine entendait en même temps un second sifflet qui signalait la présence d'un autre navire toujours dans la direction de tribord et que sa manœuvre est justifiée par des circonstances particulières (Douai, 14 décembre 1886, *Rev. intern. du dr. marit.*, II, p. 650).

Commet au contraire une faute et est responsable de l'abordage survenu le capitaine du vapeur qui, ne voyant aucun des feux de côté de l'autre, ordonne de gouverner à tribord (Aix, 24 mars 1885, *Rev. intern. du dr. marit.*, I, p. 41).

Angleterre. 115. — D'après la jurisprudence anglaise, pour que les routes soient directement opposées ou à peu près, il faut qu'il n'y ait pas un écart de plus de trois rumbs (1) (Holt's Rule of the Road ; *The Thames*, 151, *the Fruiter*, 160, *the Louisa*, 20, *the Newcastle*, 260, *the Ayra*, Law Reports, P. C. 501.

Italie. 116. — La règle posée par l'art. 15 est applicable non seulement en haute mer, mais encore dans les passes étroites et à l'entrée ainsi qu'à la sortie des ports (Florence, Cass., 21 novembre 1870 ; *Ann.*, IV, 1, 356).

(1) Les rumbs sont les trente-deux points ou divisions de la circonférence de la boussole.

L'art. 23 du règlement pour la navigation du Danube contient une règle analogue à celle de l'art. 15.

118. — ART. XVI. — Lorsque deux navires, marchant à la vapeur, font des routes qui se croisent de manière à faire craindre un abordage, le bâtiment qui voit l'autre par tribord, doit s'écarter de la route de cet autre navire. Le navire qui voit l'autre par bâbord n'a donc qu'à continuer sa route.

119. — *Sic :* Marseille, 10 mars 1884, *M.* 1884, 1, 154; Rouen, 30 juin 1875, 9 janvier 1876, *Rec. de Rouen*, 75, 194, 76, 81. C'est du reste l'application de l'art. 22 du règlement. Voir *infrà*, p. 97.

Angleterre. — *The Chesapeake*, 1 Benedict's R., 23, S. C.

120. — ART. XVII. — Si deux navires, l'un à voiles et l'autre à vapeur, courent de manière à risquer de se rencontrer, le navire sous vapeur doit s'écarter de la route de celui qui est à voiles.

France. 121. — Le navire à vapeur ayant sa liberté de manœuvre doit, à défaut de preuve contraire, être réputé l'auteur de l'abordage survenu entre lui et un navire à voiles (Marseille, 5 mars 1885, 22 juillet 1885, *M.* 85, 1, 124, 253; Desjardins, V, p. 45).

Un remorqueur occupé à donner la remorque à un autre navire ne jouissant pas de la liberté de ses mouvements, doit être assimilé à un navire à voiles lorsqu'il s'agit d'apprécier les manœuvres qu'il a faites au moment de l'abordage avec un autre navire à vapeur. Spécialement, il n'est pas de plein droit réputé en faute pour avoir manqué d'exécuter littéralement quelque prescription du règlement du 1er septembre 1884 (Aix, 3 mai 1886, *M.* 88, 1, 105).

Si en cas d'abordage entre vapeur et voilier, la présomption de faute pèse sur le vapeur qui peut diriger sa marche, il n'en est pas de même lorsque le voilier est une simple barque. Les petites dimensions de ce voilier lui donnant une facilité d'évolution que n'a pas un grand navire, il n'y a pas lieu, en cas de collision avec un vapeur, de considérer ce dernier comme obligé de céder la place et de faire les manœuvres nécessaires pour éviter le choc (Marseille, 5 juin 1884, *M.* 1884, 1, 231). *Sic*, Cour sup. de Pensylvanie, 4 février 1889, *Rev. intern. du dr. marit.*, V, p. 279).

Est en faute le navire à voiles qui, naviguant par temps de brume et se trouvant à la rencontre d'un navire dont il entend la sirène, change sa route et en dévie au lieu de la continuer, alors qu'il devait le faire suivant la position du navire à vapeur qui lui était indiquée par les sons de la sirène (Havre, 20 déc. 1887, *II.* 1888, 1, 267).

Le voilier n'a pas en principe de manœuvre à faire et doit continuer sa route (Marseille, 29 mars 1878, *M.* 78, 1, 183; Marseille, 5 juin 1884, *M.* 84, 1, 231).

C'est là l'application de l'art. 22 du règlement. Voir *infrà*, p. 97.

Le navire à vapeur qui se dirige vers un bateau pilote pour réclamer un pilote et vient à l'aborder, doit être déclaré responsable des avaries causées au bateau pilote.

Il en est ainsi surtout, lorsque le bateau pilote, obligé de se maintenir à sa station par faible brise, avait mis son canot à la mer pour porter un pilote à bord du navire à vapeur (Dunkerque, 9 septembre 1884, *II.* 1886, 2, 33).

Cet article ne serait pas non applicable au cas où un voilier après avoir passé devant un remorqueur remorquant des chalands, vire brusquement de bord à quelque distance et vient se précipiter dans la direction que n'avait cessé de suivre le vapeur (Rouen, 17 novembre 1884, *II.* 1885, 2, 34).

Voir aussi le n° 95, § 3.

Angleterre. 122. — Les tribunaux anglais décident constamment qu'il appartient au vapeur de prendre toutes les précautions possibles pour éviter l'abordage. (Voir arrêts cités par Desjardins, V, p. 46.)

La jurisprudence anglaise interprète les mots « s'écarter de la route » d'une façon très large. La plupart des arrêts reconnaissent que le vapeur peut exécuter cette prescription en allant à droite, même en allant à gauche ou en stoppant suivant les circonstances (*The Margaret* Holt's Rule of the Road, 254; *The Bougainville*, L. R. 5. P. C. 325).

Belgique. 123. — La disposition de l'article 16 du règlement du 1er août 1880 est applicable au cas où un steamer se trouve en présence d'un voilier remorqué; celui-ci est réellement un navire qui marche à la vapeur et qui ne se meut pas par l'action des voiles (Bruxelles, 10 août 1885, *A.* 1886, 1, 30).

Si deux navires, l'un à voiles et l'autre à vapeur, courent de manière à risquer de se rencontrer, le voilier commet une faute impardonnable en changeant subitement sa direction. Mais commet une imprudence, le steamer qui, en cas de danger d'abordage, maintient sa vitesse tout en serrant un voilier de très près (Anvers, 17 mars 1886, *A.*86, 1, 282).

Est responsable de l'abordage le voilier remorqué qui rattrape un autre voilier louvoyant, sans s'écarter de la route de celui-ci (Anvers, 18 novembre 1887, *A.* 88, 1, 405).

Dans le cas ou un steamer soutient que l'abordage est dû à ce que le voilier ne portait pas ses feux réglementaires, le juge peut décider, d'après des présomptions, que le voilier n'était pas dépourvu de ses feux.

En l'absence d'une semblable circonstance c'est au steamer qu'il incombe de démontrer que l'abordage n'est pas dû à sa faute (Anvers, 29 août 1888, *Rev. intern. du dr. marit.*, IV, p. 453, *Pandectes belges,* I, p. 423).

Si le steamer qui, en plein jour et par un temps clair, aborde un voilier, est presque toujours responsable de la collision, la possibilité d'apercevoir le voilier est toujours la condition essentielle de l'obligation de changer de route et d'allure ; le vapeur ne peut être présumé en faute par cela seul qu'il est pendant la nuit entré en collision avec le voilier ; pour justifier sa demande, celui-ci doit établir que l'équipage du steamer a vu ou dû voir les feux (Cour d'appel de Bruxelles, 15 mai 1889, *Rev. intern. du dr. marit.*, V, p. 263).

États Unis. 124. — Voir décisions analogues citées par Morton P. Henry, p. 240.

Italie. 125. — La jurisprudence italienne a de tout temps fait l'application des principes posés par notre article (Florence, Cass., 21 mars 1878, *Foro Ital.*, II, 1, 408).

Norwège. 126. — L'art. 78 *in fine* du Code norwégien énonce que si une rencontre a lieu entre un voilier et un vapeur en marche le vapeur est présumé en faute.

127. — ART. XVIII. — Tout navire à vapeur qui en approche un autre au point de faire craindre un abordage, doit diminuer de vitesse ou stopper et même marcher en arrière, si cela est nécessaire.

France. 128. — Cet article est applicable dans la partie maritime des fleuves, notamment dans la Seine (Rouen, 24 fév. 1888, *II.* 1888, 2, 43; Rouen, 17 décembre 1888, *Rev. intern. du dr. marit.*, V, p. 24).

Il s'applique aussi bien pour le cas de brume que pour le temps clair (Marseille, 30 janvier 1888, *Rev. intern. du dr. marit.*, III, p. 120, confirmé par Aix, 20 juin 1888, *ibid.*, IV, p. 142).

Angleterre. 129. — S'il est établi que d'après les règles de la navigation, le vapeur pouvait et devait passer sans encombre malgré la proximité de l'autre navire, on ne peut lui reprocher d'avoir manqué à son devoir (*The Jane*, Holt's Rule of the Road, 181).

Le mot « nécessaire » doit être entendu dans un sens très large (Ch. des Lords, 1er juin 1888, *Rev. intern. du dr. marit.*, V, p. 258).

Belgique. 130. — Le navire arrivé en rade après un autre navire et qui voit celui-ci entrer au bassin, doit lui laisser la priorité et ne pas gêner ses mouvements, c'est-à-dire se tenir à une distance suffisante pour lui permettre de manœuvrer à l'aise (Anvers, 27 juin 1884, *A.* 1884, 1, 365).

Le vapeur qui omet de ralentir ou même de stopper lorsqu'il voit un autre vapeur commencer son évitage, commet une faute grave (Bruxelles, 12 décembre 1883, cité par Desjardins, V, p. 48).

131. — ART. XIX. — En changeant de route conformément à l'autorisation ou aux prescriptions de ce règlement, un bâtiment à vapeur qui est en marche peut indiquer ce changement à tout autre navire en vue, au moyen des avertissements suivants donnés avec le sifflet à vapeur :

Un coup bref, pour dire : Je viens sur tribord.

Deux coups brefs, pour dire : Je viens sur bâbord.

Trois coups brefs, pour dire : Je vais arrière à toute vitesse.

L'emploi de ces avertissements est facultatif ; mais, si l'on s'en sert, il faut que les mouvements du navire soient d'accord avec la signification du coup de sifflet.

Belgique. 132. — Le navire qui interprète mal un signal

bien donné ou croit devoir manœuvrer en interprétant un signal non conforme au règlement comme s'il en était l'exécution pure et simple doit supporter les conséquences de sa faute.

(Anvers, 4 avril 1884, *Journ. Int. marit. d'Anvers*, 17 avril 1884).

Pays-Bas. 133. — Si de deux navires, allant en sens opposé l'un après avoir fait entendre trois coups de sifflet (ce qui d'après les règlements en vigueur indique que le navire battra en arrière) continue néanmoins sa route et aborde l'autre, cet abordage est imputable au premier navire, même dans le cas où il lui était impossible d'exécuter la manœuvre annoncée par les trois coups de sifflet (Rotterdam, 25 février 1883, *Rev. intern. du dr. marit.*, IV, p. 472).

134. — ART. XX. — Quelles que soient les prescriptions des articles qui précèdent, tout bâtiment à vapeur ou à voiles qui en rattrape un autre, doit s'écarter de la route de celui-ci.

France. 135. — *Sic*, Marseille, 3 octobre 1867, *M.* 1868, 1, 19.

Angleterre. 136. — Voir sur l'application de cette règle dans la jurisprudence anglaise, Desjardins, V, p. 36.

Belgique. 137. — Voir : Ostende, 13 septembre 1882, *A.* 1884, 2, 37.

138. — ART. XXI. — Dans les passes étroites, tout navire à vapeur doit, quand la recommandation est d'une exécution possible et sans danger pour lui, prendre la droite du chenal.

France. 139. — Le navire qui navigue dans la partie maritime d'un fleuve est tenu, sous peine de responsabilité, de tenir sa droite, conformément au règlement (Cass., 5 avril 1886, *Rev. intern. du dr. marit.*, II, p. 12 ; *H.* 1886, 2, 151).

De même à l'entrée du port du Havre (Havre, 22 fév. 1881, *H.* 1881, 1, 74, 9 août 1881, 1881, 1, 237).

Dans les passes sinueuses tout steamer doit diminuer de vitesse (Ruben de Couder, n° 97).

Allemagne. 140. — Consulter arrêt du tribunal supérieur hanséatique du 25 juin 1886, *Rev. intern. du dr. marit.*, III, p. 209.

Angleterre. 141. — Ce principe de notre article avait déjà été posé par l'art. 297 du Merchant shipping act.

Le détroit de Messine entre Ganzini et la pointe de Faro sur la côte sicilienne et entre la pointe de Fezzo et Alta Finmara sur la côte calabraise, ayant une largeur de moins de deux milles, doit être considéré comme un canal étroit (*narrow-channel*) dans le sens de l'art. 21. Un steamer est donc en faute en suivant le côté gauche de ce canal (Comité judiciaire du Conseil privé, 5 juin 1883, Clunet, 1886, p. 109).

Belgique. 142. — Voir pour l'application de ces principes au cours de l'Escaut et à la rade d'Anvers : Bruxelles, 20 juillet 1883 et 12 décembre 1883, Desjardins, V, p. 50 et 51.

Toutefois il est bien entendu que le steamer reste irresponsable s'il n'y a pas une relation de cause à effet entre l'abandon de la rive réglementaire et l'abordage (Havre, 2 mars 1884, *II.* 1884, 1, 192).

Angleterre. 143. — Ou quand la passe est tellement étroite que le navire ne puisse incliner à droite sans s'échouer (Holt's Rule of the Road, 130).

144. — ART. XXII. — Quand d'après les règles tracées ci-dessus, l'un des navires doit changer sa route, l'autre bâtiment doit continuer la sienne.

Angleterre. 145. — Les règlements pour prévenir les collisions ne s'appliquent qu'au cas où deux navires sont assez rapprochés l'un de l'autre pour que l'inobservation de ces règlements doive amener une collision.

Un navire suivi par un autre qui le gagne de vitesse ne contrevient pas à l'article 22 en changeant sa route à une distance de l'autre navire suffisante pour permettre à ce dernier d'éviter une collision en modifiant lui-même sa route (Cour d'appel, 7 juillet 1887, Clunet, 1889, p. 827).

146. — ART. XXIII. — En suivant et interprétant les prescriptions qui précèdent, on doit tenir compte de tous les dangers de la navigation, ainsi que des circonstances particulières qui peuvent forcer de s'écarter de ces règles pour éviter un danger immédiat.

France. 147. — Le capitaine d'un vapeur n'est pas réputé en faute pour n'avoir pas changé sa route s'il a aperçu l'autre navire trop tard pour qu'un changement de route pût avoir un effet utile (Marseille, 26 mai 1886, *M.* 1886, 1, 180).

Un capitaine est en faute s'il compromet évidemment le salut des deux navires par une aveugle observation des règlements (Rouen, 8 juin 1859, *II*. 60. 1, 139).

Mais au moins faut-il démontrer d'une façon claire et complète qu'en s'écartant des règles on évitait assurément l'abordage (Poitiers, 5 mai 1880, *II*. 1880, 2, 148).

Angleterre. 148. — L'objet propre de cette disposition est d'imprimer autant que possible un caractère obligatoire à l'ensemble des autres règles. C'est pourquoi l'on ne doit s'en écarter que pour éviter non pas simplement un danger, mais un danger immédiat, auquel cas il deviendrait insensé de périr pour observer les règles. (Voir arrêts cités par Desjardins, V, p. 54.)

Italie. 149. — Lorsqu'un abordage s'est produit entre un vapeur et un voilier, on ne saurait reprocher à ce dernier navire d'avoir dévié de sa route, s'il est du reste certain que cette manœuvre était commandée par les circonstances et avait pour but, sinon d'éviter, au moins de rendre moins grave le sinistre devenu inévitable (Cass., Florence, 13 juin 1887. *Rev. intern. du dr. marit.*, III, p. 761).

150. — Art. XXIV. — Rien de ce qui est recommandé ici ne peut exonérer un navire ou son propriétaire, ou son capitaine, ou son équipage des conséquences d'une négligence quelconque soit au sujet des feux ou signaux, soit de la part des hommes de veille, soit enfin au sujet de toute précaution que commande l'expérience ordinaire du marin et les circonstances particulières dans lesquelles le bâtiment se trouve.

151. — Art. XXV. — Rien dans ces règles ne doit entraver l'application des règles spéciales dûment édictées par l'autorité locale, relativement à la navigation dans une rade, dans une rivière, ou enfin dans une étendue d'eau intérieure quelconque.

Voir pour le règlement général des ports en France du 28 février 1867, *Annuaire de la marine marchande française*, 1889, p. 200.

France. 152. — L'art. 10 du règlement du port de Marseille prescrit aux capitaines de doubler leurs amarres en cas de mauvais temps. Le capitaine qui ne s'est pas conformé à cette prescription doit être réputé en faute et par suite déclaré responsable de l'abordage provenant de ce que l'amarre de son navire s'est brisée sous l'effort d'un coup de vent et l'a jeté sur un autre navire (Marseille, 17 nov. 1886, M. 87, 1, 27).

Le capitaine qui stationne et fait des opérations dans un endroit où les règlements le lui interdisaient, spécialement dans la passe d'un port, est responsable des événements qui sont la conséquence de cette infraction aux règlements.

Notamment, il est de plein droit présumé en faute et par suite responsable en cas d'abordage entre lui et un autre navire entrant ou sortant (Marseille, 15 juin 1883, M. 1883, 1, 229).

Belgique. 153. — Est en faute le vapeur qui, devant Anvers, pouvant faire son évitage sans encombre en aval de la pointe des Anguilles, vient le faire entre les musoirs des deux bassins au moment de leur ouverture (Bruxelles, 12 déc. 1883, cité par Desjardins, V, p. 58).

Art. XXVI. — Ces règles ne doivent en rien gêner la mise à exécution de toute prescription spéciale faite par un gouvernement quelconque, quant à un plus grand nombre de feux de position ou de signaux à mettre à bord des bâtiments de guerre au nombre de deux ou davantage, ainsi qu'à bord des bâtiments à voiles naviguant en convoi.

§ VIII. — SIGNAUX EN CAS DE DÉTRESSE

154. — Art. XXVII. — Lorsqu'un bâtiment est en détresse et demande des secours à d'autres navires ou à la terre, il doit faire usage des signaux suivants, ensemble ou séparément, savoir :

Pendant le jour :

1º Coups de canon tirés à intervalle d'une minute environ ;

2º Le signal de détresse du Code international indiqué par N. C. ;

3º Le signal de grande distance, consistant en un pavillon carré ayant, au-dessus ou au-dessous, une boule ou quelque chose ressemblant à une boule.

Pendant la nuit :

1° Coups de canon tirés à intervalle d'une minute environ;

2° Flammes sur le navire, telles qu'on peut les produire au moyen d'un baril à goudron ou à huile en combustion, etc. ;

3° Bombes ou fusées, de quelque genre ou couleur que ce soit, lancées une à une, à de courts intervalles.

§ IX. — FAUTES PROVENANT DE LA NÉGLIGENCE OU DE L'IMPRUDENCE. USAGES MARITIMES

Manœuvres à l'entrée et à la sortie d'un port.

France. 155. — Lorsque deux navires se présentent ensemble pour pénétrer dans une même rade, le plus éloigné doit retarder son entrée, jusqu'à ce que le plus rapproché ait fait la sienne. *Consulat de la mer*, ch. 177 et 199 ; Sirey, *Rép.*, v° *Abordage*, n° 87.

Tout navire sortant du port doit faire place à celui qui cherche à y pénétrer (Targa sur les chap. 177 et 199 du *Consulat de la mer*; Ruben de Couder, n° 92; Sirey, *Rép.*, v° *Abordage*, n° 88; Marseille, 10 mars 1884, *M.* 1884, 1, 154).

Le dernier sortant doit régler sa manœuvre sur le premier (Targa, *loc. cit.* ; Ruben de Couder, n° 93).

En cas de concours, le plus petit doit laisser passer le plus grand (Targa, *loc. cit.*).

Il y a faute de la part du capitaine qui, à l'entrée ou à la sortie du port, n'a pas tenu sa droite (Rouen, 22 avril 1874, *II.* 74, 2, 197; Havre, 4 juillet 1873, *II.* 74, 1, 176 ; 26 juillet 1874, *II.* 74, 1, 55).

Ou est entré dans un port sans ralentir sa marche (Havre, 8 et 18 janvier 1859, *II.* 59, 1, 11 et 25; 16 février 1861, *II.* 61, 1, 53 ; 13 mai 1873, *II.* 73, 1, 199).

Ou malgré les signaux d'interdiction (Havre, 10 juin 1872, *II.* 72, 1, 117 ; Rouen, 6 fév. 1885, *Rev. intern. du dr. marit.*, 1, p. 146).

Ou qui sort du port à toute vitesse par une nuit noire (Havre, 23 juillet 1884, *II.* 84, 1, 230).

Ou qui sort d'un port dans un chenal et n'a pas ses ancres en veille (Rouen, 6 fév. 1885, *Rev. intern. du dr. marit.*, I, p. 146).

Angleterre. 156. — Est présumé en faute le navire qui s'éloigne après la collision (Haute Cour de justice, division de l'Amirauté, 24 avril 1888, *Rev. intern. du dr. marit.*, IV, p. 181).

Italie. 157. — Quand un abordage s'est produit entre un navire entrant et un navire sortant, on peut imputer la responsabilité au capitaine de ce dernier navire s'il est établi qu'il marchait avec une vitesse exagérée (Cass., Florence, 13 juin 1887, *Rev. intern. du dr. marit.*, III, p. 761).

§ X. — PRÉSENCE DU CAPITAINE A BORD

France. 158. — ART. 227. — Le capitaine est tenu d'être en personne dans son navire à l'entrée et à la sortie.

Sauf les cas de force majeure ou les ordres émanés des officiers du port, tous les dommages résultant de l'abordage doivent être mis à la charge du capitaine qui n'était pas à son bord au moment de la collision, qu'elle se soit produite dans les bassins ou dans la rade ou pour passer des uns dans les autres et réciproquement (Ruben de Couder, n° 96 ; Sirey, *Rép.*, v° *Abordage*, n° 85 ; Nantes, 4 sept. 1875, N. 75, 1, 351).

L'absence du capitaine du navire ne le rend responsable vis-à-vis de l'armateur que dans le cas où cette absence a eu quelque influence sur le sinistre (Sibille, n° 425).

Belgique. 159. — L'absence du capitaine du pont, à l'entrée d'un canal, est sans portée lorsqu'il est constant que toutes les manœuvres exécutées ont été commandées par les circonstances et conformes aux règles maritimes (Bruxelles, 10 août 1885, A. 86, 1, 30).

Italie. 160. — Si un abordage a lieu à la suite d'une manœuvre faite pendant le sommeil du capitaine, quand sa présence sur le pont n'était pas nécessaire, il n'est pas responsable envers l'armateur (Cass., Florence, 14 décembre 1882, *Foro Ital.*, 1882, 1, 226).

§ XI. — ABORDAGE ENTRE UN NAVIRE A L'ANCRE ET UN NAVIRE EN MARCHE

France. 161. — L'abordage entre un navire à l'ancre et un navire en marche est présumé provenir de la faute de ce dernier (Ruben de Couder, n° 9 : Havre, 22 février 1881, *II.* 81, 1, 69 ; 23 mars 1880, *II.* 80, 1, 127 ; 10 février 1879, *II.* 79, 1, 87 ; Marseille, 25 nov. 1870, *M.* 71, 1, 25 ; Bordeaux, 8 janvier 1869, *B.* 69, 181 ; Rennes, 5 février 1874, *N.* 74, 1, 212 ; Bordeaux, 23 juillet 1885, *Rev. intern. du dr. marit.*, II, p. 659 ; Havre, 3 mars 1885, *ibid.*, I, p. 133 ; Havre, 21 juin 1887, *II.* 1887, 1, 167 ; Rouen, 6 déc. 1886, *II.* 1887, 2, 114).

Mais la preuve contraire est réservée au navire en marche. (Desjardins, V, p. 31).

Est dangereuse et fautive la manœuvre consistant pour mener un navire à sa bouée d'amarrage dans l'intérieur d'un port (le port de Lisbonne), à passer au milieu d'un groupe de navires ancrés à une distance pouvant d'abord paraître suffisante, mais pouvant aussi se trouver diminuée par l'influence des courants (Rouen, 2 juin 1886, *Rev. intern. du dr. marit.*, II, p. 285).

Le navire à l'ancre n'est pas cependant pour cette seule raison dispensé de toute manœuvre, et le capitaine du navire au mouillage peut être déclaré en faute s'il n'a pas filé ses chaînes pour éviter l'abordage (Aix, 15 déc. 1870, *M.* 71, 1, 78).

Contrà : Havre, 4 avril 1860, *II.* 60, 1, 85. Voir également : Trib. consul. de France à Constantinople, 27 juillet 1888, *Rev. intern. du dr. marit.*, V, p. 271.

Un navire qui mouille une ancre et reste sous voiles est considéré comme un navire en route (Nantes, 2 mai 1877, *N.* 77, 1, 265).

On doit considérer comme responsable de l'abordage le navire qui, en louvoyant dans une rade, vient aborder un navire au mouillage par un brouillard épais. C'était à lui de mouiller dès que le brouillard devenait assez épais pour faire craindre des collisions (Nantes, 22 mars 1866 ; Caumont, v° *Abordage*, n° 128).

Belgique. 162.—Les termes « navire en marche » de l'art. 3 de l'arrêté royal du 1er août 1880, sont synonymes de « navire en route » et non applicables aux mouvements ou manœuvres du navire encore amarré. Le navire en marche passant à proximité d'un navire au mouillage doit tenir compte des mouvements que ce dernier peut être amené à effectuer. Cette obligation est applicable à l'évitage, notamment quand le moment où le navire se met en marche coïncide avec l'heure de l'ouverture des bassins (Bruxelles, 18 juin 1885, *A*. 86, 1, 27).

Le navire en marche qui en aborde un autre à l'ancre est présumé en faute ; pour s'exonérer, son capitaine doit prouver qu'il n'a pas commis de faute et que l'abordage est la conséquence d'une force majeure ou d'une faute du navire abordé ; des allégations vagues de force majeure ne suffisent pas (Anvers, 13 avril 1888, *Rev. intern. du dr. marit.*, IV, p. 189).

Danemark. 163. — Voir dans le sens des arrêts cités sous le n° 161 : So-og Handelsret, 3 janvier et 2 avril 1884, *Rev. intern. du dr. marit.*, II, 352, 354 ; 3 septembre 1884, Clunet, 1887, p. 221.

Etats-Unis. 164. — Voir dans le sens des arrêts cités sous le n° 161 : Cour de circuit de Kentucky, 1er août 1878, Clunet, 1878, p. 527 : Cour de district, New-York, janvier 1884, Clunet, 1885, p. 562.

Pays-Bas. 165. — Voir dans le sens des arrêts cités sous le n° 161 : Haarlem, 22 avril 1884 ; Rotterdam, 6 déc. 1884, *Rev. intern. du dr. marit.*, II, p. 473, 474.

Russie. 166. — Voir dans le sens des arrêts cités sous le n° 161 : Riga, 5 juillet 1877, Clunet, 1887, p. 676.

§ XII. — IMPRUDENCES DIVERSES

France. 167. — Est en faute le capitaine qui entre dans un port ou en sort sans avoir ses ancres en veille, c'est-à-dire prêtes à mouiller (Aix, 15 décembre 1870, *M*. 71, 1, 78; Havre, 13 mai 1873, *II*. 74, 1, 176; Rouen, 6 février 1885, *Rev. intern. du dr. marit.*, I, p. 146).

Ou sans avoir à bord le nombre de matelots nécessaires pour

assurer la manœuvre (Ruben de Couder, nº 88; Sirey, *Rép.*, vº *Abordage*, nº 74).

Est en faute le capitaine d'un navire qui opère son mouillage dans la zone dangereuse d'évitage des grands paquebots et qui ne redouble pas de précaution et de vigilance en obéissant immédiatement aux avertissements qui lui sont donnés par les capitaines de ces grands paquebots.

De leur côté ces derniers doivent exercer la surveillance la plus active dans tout le rayon de leur évitage et avertir, en temps utile, tous les navires qui se trouvent dans le rayon de la manœuvre qu'ils vont faire, de manière que ces navires aient le temps d'éviter tout accident (Bordeaux, 23 mars 1887, *Rev. intern. du dr. marit.*, III, p. 26).

Angleterre. 168. — L'absence de vigie sur un bâtiment peut le faire déclarer en faute (Cour d'appel de Londres, 29 mai 1875, Clunet, 1876, p. 276).

Les propriétaires d'une épave qui ne peuvent plus maintenir un homme de l'équipage à bord, sont tenus de prendre, jusqu'à son enlèvement, les mesures nécessaires pour éviter l'approche d'un autre bâtiment (Haute Cour, div. de l'Amirauté, 25 avril 1882, Clunet, 1884, p. 76).

Belgique. 169. — Dans le sens des décisions citées sous le nº 107 : Anvers, 9 avril 1874, Clunet, 75, 292; A. 74, 1, 249.

La présomption de faute pèse sur le navire abordé, même au mouillage, par cela seul qu'il n'a pas à bord un nombre d'hommes suffisant pour exécuter une manœuvre propre à prévenir la collision (Anvers, 6 septembre 1862, A. 62, 1, 194).

Commet une faute grave le batelier qui continue à dériver avec son bateau en rade d'Anvers, au lieu de se mettre à l'ancre à une distance convenable, pendant l'ouverture des bassins, et ainsi empêche, retarde ou rend difficile et périlleuse la sortie des navires (Anvers, 8 juin 1887, *Rev. intern. du dr. marit.*, III, p. 464).

Un commandant de navires doit, autant que possible, prendre des précautions pour pouvoir parer aux dangers subits, même provenant des fautes de tiers, et il ne doit pas attendre que le danger soit tellement rapproché que le moindre incident fortuit provoque un sinistre (Anvers, *ibid.*).

CHAPITRE IV

Actions disciplinaires ou pénales contre les capitaines en matière d'abordage.

France. 170. — Circulaire du Ministre de la marine du 18 mai 1860 :

Messieurs, l'ordonnance du mois d'août 1681 (liv. IV, tit. IX, art. 18) et l'ordonnance du 29 octobre 1833 (art. 62) imposent aux autorités maritimes et aux autorités consulaires l'obligation de rechercher les causes des naufrages et des échouements, et d'examiner, par tous les moyens qui sont en leur pouvoir, si le sinistre ne peut pas être attribué à une intention coupable, à la négligence ou à l'impéritie.

C'est assurément là un des devoirs les plus importants des commissaires de l'inscription maritime et des consuls. Cependant j'ai eu lieu de remarquer qu'on n'apporte pas toujours dans son accomplissement toute la vigilance nécessaire. Ainsi l'on se borne la plupart du temps à donner lecture du rapport du capitaine aux témoins de l'événement, et à leur demander s'ils en reconnaissent l'exactitude, mode de procéder dont l'effet presque certain est un acquiescement banal des personnes interrogées. Il faut, au contraire, que l'enquête à laquelle on se livre en pareille occurrence soit aussi approfondie que possible, qu'elle ne néglige aucun moyen d'arriver à la découverte de la vérité : examen du navire ou des débris par des experts assermentés, examen des papiers de bord et notamment du journal, examen très attentif des procès-verbaux d'avaries, interrogatoire des hommes de l'équipage et des passagers, qui ne doivent pas seulement être invités à rapporter ce qu'ils ont vu, entendu ou pensé, mais pressés de questions multipliées sur toutes les circonstances du sinistre.

Il est, en effet, impossible, sans des investigations aussi complètes et aussi minutieuses, de se former une opinion motivée qui permette de prendre à l'égard du capitaine ou de tout autre homme compromis, telle mesure que de droit.

Les consuls, qui reçoivent du capitaine le rapport exigé par l'article 246 du Code de commerce, et qui procèdent, en conformité de l'article 247, à l'interrogatoire de l'équipage et des passagers, ont entre les mains tous les éléments d'une enquête sérieuse. Les commissaires de l'inscription maritime peuvent suppléer à ces éléments d'appréciation au moyen d'investigations, qui, si elles sont bien conduites, feront sans doute ressortir la vérité.

Mais il est indispensable que les consuls et les commissaires de l'inscription maritime soient assistés par des personnes qui aient, en matière de navigation, les connaissances spéciales nécessaires pour apprécier les faits et les circonstances du naufrage ou de l'échouement. La plus grande partie de ces informations administratives aura nécessairement lieu dans les principaux ports de commerce, où la direction des mouvements du port est confiée à un officier de la marine impériale, qui prendra naturellement part à l'enquête. A défaut, et sur les autres points où ce concours ne pourrait être obtenu, il y aura à réclamer l'assistance du capitaine de port ou du capitaine au long cours appelé à siéger au tribunal maritime commercial. Dans les consulats, il conviendra de se faire seconder par un officier de vaisseau, s'il se trouve un bâtiment dans le port ou sur la rade, ou à défaut, par le plus âgé des capitaines au long cours présents sur les lieux.

Le naufrage, l'échouement ou les avaries peuvent être attribués à la force majeure, à un acte de baraterie, à l'imprudence ou enfin à l'impéritie. Dans le premier cas, le capitaine n'est que malheureux ; dans le deuxième, le coupable doit rendre compte de son crime devant une cour d'assises ; dans les deux autres le capitaine encourt une peine disciplinaire, et peut, en outre, être remis au procureur impérial pour être déféré, s'il y a lieu, aux tribunaux correctionnels, à fin d'application des art. 319 ou 320 du Code pénal, lorsque son imprudence ou son impéritie paraissent avoir été des causes de mort ou de blessures.

Si l'enquête amenait la découverte d'un fait dont la connaissance appartient au tribunal maritime commercial, il conviendra de l'en saisir sur-le-champ. Si, au contraire, les délits ou crimes révélés par l'enquête tombent sous la juridiction des tribunaux ordinaires, les commissaires de l'inscription maritime dénoncent directement les coupables présumés au procureur impérial, à qui ils transmettent toutes les informations qu'ils ont recueillies. Il m'est aussitôt rendu compte de cette démarche.

Quant aux consuls, c'est à mon département qu'ils doivent adresser, sous le timbre de la présente circulaire, les procès-verbaux signés de tous les témoins, dans lesquels ils ont consigné le résultat de leurs investigations. Ils font en même temps connaître les ports sur lesquels ils ont dirigé les hommes qu'ils ont été obligés de rapatrier et dont ils indiquent les noms, prénoms, quartiers et numéros d'inscription.

Ces hommes qui ont déjà subi un interrogatoire dans les consulats, doivent en subir un nouveau très minutieux au fur et à mesure qu'ils rentrent en France, et cet interrogatoire, signé par eux, est transmis au port où se poursuit l'instruction des circonstances du sinistre. Ces dépositions isolées, recueillies quelque temps après l'événement, ont d'autant plus d'importance qu'éloigné du capitaine le témoin se trouve à l'abri de toute influence, et n'a plus présentes au souvenir des déclarations parfois concertées dans un but coupable.

Il pourrait y avoir de graves inconvénients, au point de vue des intérêts de l'armement, à retirer son brevet au capitaine qui aurait échoué ou avarié son navire, mais il ne peut en être de même quand le bâtiment est complètement perdu. Aussi mon intention est-elle, messieurs, que dans ce dernier cas, vous vous fassiez remettre par le capitaine le titre en vertu duquel il commandait. Je me propose de soumettre ensuite toutes les pièces de l'enquête à laquelle il aura été procédé à l'examen d'une commission composée de deux officiers supérieurs de la marine, présidée par un vice-amiral, membre du conseil d'amirauté, qui sera appelée à formuler, sur la conduite du capitaine, un avis d'après lequel je lui rendrai son brevet ou prendrai à son égard telle mesure disciplinaire que je jugerai convenable (art. 87 du décret-loi du 24 mars 1852).

Vous savez, messieurs, combien il est difficile de procéder à des investigations efficaces quand un équipage est dispersé, et que d'ailleurs l'éloignement ne permet pas de recourir aux preuves matérielles. Je ne saurais donc trop vous recommander d'apporter tous vos soins à réunir les éléments d'appréciation les plus complets. Vous me les transmettrez en exprimant votre sentiment personnel et celui de l'officier de la marine militaire, du capitaine de port ou du capitaine au long cours qui aura pris part à l'enquête touchant les sinistres dont vous aurez eu à rechercher les causes.

Allemagne. 171. — Art. 145 du Code pénal allemand.

Quiconque aura transgressé les règlements établis par l'Empereur pour prévenir l'abordage des bâtiments en mer sera puni d'une amende de 500 thalers au plus.

Une ordonnance impériale du 15 août 1886 a prescrit au patron de chacun des navires à la suite de la collision en mer de fournir à l'autre navire et à son équipage, toute l'assistance possible en vue de détourner ou d'atténuer les conséquences dommageables de la collision, pour autant qu'il puisse le faire sans danger notable pour son propre navire et les gens qui s'y trouvent.

L'article 2 ajoute : Avant de continuer son voyage, chacun des patrons doit faire connaître à l'autre le nom et le signal distinctif de son navire, le port d'origine, le lieu d'où il vient, celui où il va, pourvu qu'il puisse le faire sans danger pour son propre navire.

En outre une loi du 27 juillet 1877 sur les sinistres maritimes a créé sous le nom de conseils maritimes (*seeamter*) des commissions spéciales chargées de procéder à des enquêtes sur les accidents de mer. (Voir le résumé de cette loi dans Desjardins, V, p. 73.)

Si le capitaine ou pilote allemand est responsable du sinistre ou de ses suites pour défaut de l'une des qualités exigées pour l'exercice de sa profession (art. 31 de la loi des professions, *Gewerbeordnung*, du 21 juin 1869), le droit d'exercer cette dernière lui sera enlevé par la décision même du conseil. Le capitaine auquel l'exercice a été retiré peut encore, au gré du conseil, être interdit des fonctions de pilote (art. 26).

Le capitaine, le pilote, le commissaire impérial près la commission peuvent interjeter appel de la décision auprès du grand conseil maritime (art. 27).

Voir, pour le fonctionnement de cette juridiction, Desjardins, V, p. 81.

Les capitaines ou pilotes auxquels l'exercice de la profession a été interdit peuvent, après le délai d'un an, obtenir une nouvelle autorisation, s'ils prouvent que, pour l'avenir, ils sont capables d'exercer leur profession (art. 34).

Angleterre. 172. — Une première loi (36 and 37 Victor., c. 85 § 16) enjoint aux capitaines des deux navires qui se sont abordés de se prêter réciproquement toute l'assistance possible (*such assistance as may be practicable and as may be necessary in order to save them from any danger caused by the collision*) et de se faire connaître réciproquement les noms de leurs navires, de leurs ports d'enregistrement ou d'attache, de leur port de départ et d'arrivée. Tout capitaine d'un navire anglais qui enfreindra cette double prescription sans cause raisonnable sera réputé coupable d'un délit (*misdemeanor*) et, s'il est titulaire d'un brevet, ce brevet pourra soit lui être enlevé temporairement, soit même être annulé.

La huitième partie du *Merchant Shipping act* de 1854 comprend la loi relative aux naufrages, accidents et sauvetages. Les officiers inspecteurs du service des gardes-côtes ou les officiers des douanes (art. 432) ont la faculté de procéder à des enquêtes toutes les fois que sur les côtes du Royaume-Uni ou aux environs, un navire est perdu, a été abandonné ou a éprouvé des avaries ou qu'il a occasionné la perte d'un autre navire ou lui a causé des avaries ou que les accidents survenus ont coûté la vie à quelqu'un ; quand la perte ou le dommage éprouvé a eu lieu ailleurs que sur les côtes du Royaume-Uni, lesdits officiers sont également autorisés à procéder à une enquête, si des témoignages peuvent être recueillis sur quelque point du Royaume-Uni. Une instruction en forme (art. 433) peut être faite par devant deux juges de paix ou un magistrat salarié, si l'officier inspecteur ou l'officier des douanes le juge utile. Dans le cas où des connaissances nautiques seraient nécessaires, le conseil de commerce peut, à la requête des juges ou du magistrat ou sur sa propre initiative, adjoindre à ceux-ci une personne compétente; cet assesseur déclare son adhésion au procès-verbal en le signant ou, s'il diffère d'avis, il expose ses raisons au conseil du commerce (art. 434). Partout où il y a un conseil local de marine, dont l'un des membres est magistrat salarié, l'instruction a lieu devant ce magistrat (art. 435). En Écosse, les instructions peuvent être confiées aux soins du *Lord advocate*, auquel il est adjoint, s'il y a lieu, une personne versée en matière nautique (Desjardins, V, p. 75).

Les actes du 15 août 1876 et 15 août 1879 règlent la procédure des enquêtes en matière de sinistre maritime. Voir Desjardins, V, p. 76 et suiv.

L'act du 5 août 1873 impose aux capitaines l'obligation de rester à proximité du navire abordé aussi longtemps qu'on peut le faire sans danger, et jusqu'à ce que l'on soit sûr que personne n'a plus besoin d'assistance (art. 16). Faute de se conformer à cette prescription le capitaine est, sauf la preuve contraire, présumé responsable de l'événement.

Belgique. 173. — Les infractions des marins sont régies en Belgique par la loi du 21 juin 1849 (Code disciplinaire et pénal pour la marine marchande et la pêche maritime ; voir *Pand. belges*, XX, p. 102). On n'y voit pas figurer l'abordage. Mais si celui-ci était résulté, par exemple, de l'ivresse du capitaine (art. 23), de désobéissance aux ordres des consuls ou des commissaires maritimes (art. 25), etc., ces infractions seraient punies comme telles. Voir encore les art. 29 (le capitaine doit abandonner le *dernier* le navire) et 30.

S'il y a destruction volontaire du navire (ce qui peut être la suite d'un abordage), il y a crime (art. 31).

Mais dans le cas de l'abordage arrivé par simple impéritie ou négligence, cette loi ne me parait pas applicable, et l'on ne pourrait qu'appliquer, en cas de mort ou blessures résultées de l'abordage, les art. 418, 455 du Code pénal (homicides et lésions corporelles involontaires). En résumé, le capitaine qui a eu un abordage ne relève que de son armateur, et personne ne peut ni suspendre son brevet ni le lui retirer.

Italie. 174. — Art. 110 du Code de la marine marchande. — Les capitaines ou patrons, pour ce qui concerne les feux pendant la navigation de nuit, les signaux en temps de brouillard et les manœuvres pour prévenir les abordages, doivent se conformer aux règlements y relatifs.

En outre, à l'entrée ou à la sortie des ports, au passage des canaux et dans toutes les autres circonstances où les dangers peuvent être plus grands, ils doivent se trouver assistés par les officiers du bord.

ART. 390. — Encourt une amende qui peut monter jusqu'à deux cents livres, le capitaine ou patron qui navigue sans avoir à bord ses fanaux allumés, ou les objets de gréement indispensables dans les circonstances prescrites par les règlements.

ART. 392. — Quiconque, d'une manière quelconque, cause un dommage aux navires ancrés dans les ports, dans les rades, sur les plages, encourt une amende qui peut monter jusqu'à trois cents livres. Un emprisonnement d'un à trois ans peut, en outre, être prononcé suivant les circonstances, sans préjudice de peines plus sévères en cas de dol.

ART. 395. — Le capitaine ou patron d'un navire italien qui pouvant porter secours à un navire en détresse, ne l'a pas fait, encourt une amende de 200 à 1,000 livres, et peut en outre être suspendu de ses fonctions pendant six mois au moins, un an au plus.

Voir au surplus : Benfante, *Urto di Navi*, p. 116 et le nouveau Code pénal italien.

Pays-Bas. 175. — ART. 414 du Code pénal. — Le capitaine d'un bâtiment néerlandais qui, sachant des bâtiments, capitaines ou passagers en détresse, ne leur donne point l'assistance qu'il peut leur donner sans exposer à la perte son navire, ses passagers ou lui-même, est puni d'un emprisonnement de trois ans au plus, si le navire qu'il conduit a causé la détresse en abordant ou en flottant contre l'autre navire.

ART. 473. — Le capitaine ou matelot qui n'observe pas les prescriptions de la loi pour prévenir les abordages ou les collisions de navires, est puni d'une amende de trois cents florins au plus.

CHAPITRE V

Faute d'un seul navire.

France. 176. —· L'acquittement du capitaine sur les poursuites disciplinaires exercées contre lui, à l'occasion d'un abordage, ne forme pas obstacle à ce que les tribunaux consulaires décident que l'abordage est dû à la faute du capitaine, et n'en mettent les conséquences à sa charge et à la responsabilité du capitaine et de ses armateurs.

Les décisions disciplinaires portant condamnation ou acquittement d'un capitaine ne lient pas, en effet, les tribunaux, qui peuvent apprécier autrement la conduite du capitaine au point de vue civil (Havre, 3 mars 1885, *Rev. intern. du dr. marit.*, I, p. 133, *H*. 85, 1, 87; Marseille, 25 novembre 1870; *M*. 71, 1, 23; Cour de Bordeaux, 8 mars 1869, *M*. 69, 2, 146).

Une condamnation correctionnelle prononcée par un tribunal italien à l'encontre du capitaine abordé, dans l'espèce un navire français, à raison d'un abordage survenu en haute mer, est rendue par un juge incompétent. Elle ne saurait être rendue exécutoire en France et constituer par suite la chose jugée.

L'acquittement du capitaine abordeur par la juridiction correctionnelle italienne ne fait pas obstacle à ce que la juridiction civile française trouve dans les faits incriminés les caractères d'un quasi-délit entraînant une réparation pécuniaire (Aix, 24 mars 1885, *Rev. intern. du dr. marit.*, I, p. 41).

L'enquête faite par le parquet d'une ville et de laquelle il résulte que la faute est imputable à un seul des deux capitaines, n'est pas un document qui lie le tribunal saisi plus tard de l'appréciation du sinistre (Tunis, 6 juin 1889, *Rev, intern. du dr. marit.*, V, livraison VII-VIII).

177. — Lorsque l'abordage provient de la faute de l'un des capitaines, le dommage est payé par celui qui en est l'auteur, c'est-à-dire par le capitaine pour la totalité, par les propriétaires jusqu'à concurrence du navire et du fret (art. 216).

Le dommage que doivent réparer les personnes responsables comprend non seulement les pertes et les avaries du corps lui-même, mais aussi celles supportées par la cargaison et les personnes (*Pand. fr.*, v° *Abordage*, n° 118).

La cargaison ne contribue pas à la réparation du dommage (Rouen, 26 mai 1852, *Gaz. des Trib.*, 3 juin 1852; Emerigon, I, p. 414; Vincens, III, p. 197; *Pand. fr.*, v° *Abordage*, n° 117 et les décisions citées; Bordeaux, 1er déc. 1886, *Rev. intern. du dr. marit.*, II, p. 531).

Le dommage dont il est dû réparation comprend toutes les dépenses causées par l'abordage et les gains dont cet accident prive le navire abordé (*Pand. fr.*, v° *Abordage*, n° 120).

Le capitaine responsable doit donc payer :

Les frais de sauvetage (Aix, 31 décembre 1856, *M.* 59, 1, 215) ;

Les frais de remorquage ;

Les frais de séjour dans un port ;

Les frais d'achat de nouveaux vivres ;

La nourriture et les gages de l'équipage pendant le temps des réparations ;

Les frais de renflouement du navire;

Les frais de déchargement, d'emmagasinage, de garde et d'entrée des marchandises (1) ;

Le coût des réparations, les frais et prime de l'emprunt à la grosse contracté pour les payer (Havre, 1er août 1860, *H.* 60, 1, 94).

Les droits de navigation d'entrée et de sortie d'un port de relâche (Rouen, 3 février 1864, *M.* 65, 2, 31);

Le fret ou portion de fret que le navire aurait acquis (Marseille, 11 nov. 1859, *M.* 59, 1, 332) ;

Les frais d'interprète si le navire est étranger ;

Les pertes ou accidents survenus au navire abordé par le forcement de voiles pour atteindre le port de relâche (Saint-Denis, 27 octobre 1849, cité par Caumont, v° *Abordage*, n° 11) ;

Le retard apporté à l'expédition (Nantes, 22 mars 1865, *N.* 65, 1, 89) ;

____

(1) Les frais constituent une avarie particulière de la cargaison (*Pand. fr.*, v° *Abordage*, n° 127).

La perte sur le gain de l'opération (Nantes, 18 avril 1849, cité par Caumont, loc. cit.) ;

Le dépérissement du navire par suite des réparations (Bordeaux, 16 juillet 1856, *M.* 56, 2, 164 ; Cherbourg, 26 janvier 1866, cité par Caumont, v° *Abordage*, n° 11) ;

La dépréciation des marchandises résultant du retard dans leur transport au lieu de destination (*Pand. fr.*, v° *Abordage*, n° 122).

Dans la réparation d'avaries causées par un abordage, il n'y a pas lieu, en principe, de tenir compte, même pour le remplacement des objets perdus ou hors de service, de la différence du neuf à l'usé (Havre, 21 juin 1887, *H.* 1887, 1, 167).

L'indemnité pour chômage du navire.

L'usage en France et en Belgique fixe cette indemnité aux taux des surestaires, c'est-à-dire par tonneau de jauge et par jour (0,50 pour les voiliers, 1 franc pour les vapeurs), en tenant compte de la diminution des frais pendant le chômage (*Pand. fr.*, v° *Abordage*, n° 123; Rouen, 24 janvier 1876, *M.* 77, 2, 62, *S.* 76, 2, 65. V. *contrà :* Marseille, 22 juillet 1885, *M.* 1885, 1, 253 ; Bruxelles, 8 décembre 1882, *Pas. belge*, 83, 2, 132).

La Cour de Bordeaux a pourtant décidé que l'indemnité pour chômage pendant le temps des travaux de réparation nécessités par la faute de l'abordeur devait, à défaut de justifications précises, être limitée à la moitié des surestaries stipulées dans la charte-partie (Bordeaux, 28 juillet 1885, *Rev. intern. du dr. marit.*, II, p. 659).

Décidé aussi que les surestaries dues à un navire abordé, doivent, lorsqu'il s'agit d'un steamer en cours de voyage, être fixées à 75 centimes par tonneau de jauge et par jour, conformément aux usages du commerce maritime (Havre, 28 décembre 1886, *H.* 1888, 1, 5).

Les surestaries et indemnités de chômage dû s à un remorqueur, interrompu dans son service par suite d'un abordage, ne doivent pas être calculées à raison de 50 centimes par tonneau de jauge et par jour, mais doivent comprendre les dépenses et pertes subies et la privation des bénéfices journaliers, en prenant pour base la moyenne des bénéfices antérieurement faits (Havre, 21 juin 1887, *H.* 1887, 1, 167).

S'il s'agit d'une gabare l'indemnité doit être fixée à 10 centimes par tonne et par jour (Nantes, 11 avril 1885, *N.* 1885, 1, 231).

Les journées nécessaires aux réparations qu'on alloue aux navires naviguant ne peuvent être accordées à des allèges qui font un travail intermittent (Douai, 25 mars 1889, *Rev. intern. du dr. marit.*, V, p. 201).

Lorsque l'abordé est un pêcheur, l'indemnité peut comprendre un chiffre pour la saison de pêche manquée par suite de la perte de sa barque (Havre, 7 avril 1860, *H.* 60, 1, 294).

En l'absence de faute lourde équivalant au dol, l'armateur du navire abordeur ne peut être responsable que des conséquences directes et immédiates de l'abordage. Il ne saurait être tenu de fournir un bâtiment d'un tonnage et d'une vitesse analogues à ceux du navire abordé pour faire le service de ce dernier navire pendant son immobilisation. Il en est ainsi, alors même que le navire abordé était un service postal (Marseille, 13 janvier 1887, *Rev. intern. du dr. marit.*, II, p. 572).

L'abordeur doit encore rembourser la commission que l'abordé a dû payer pour se procurer les fonds destinés à servir de caution, afin de saisir le navire abordeur (Douai, 7 juillet 1887, *Rev. intern. du dr. marit.*, IV, p. 391).

Les effets perdus de l'équipage et des passagers.

Le pilote d'un navire remorqueur embarqué au mois et porté sur le rôle d'équipage doit être considéré et traité comme un homme d'équipage au point de vue du droit au remboursement de la perte dans un abordage de ses effets mis à bord (Havre, 21 juin 1887, *H.* 1887, 1, 167).

Allemagne. 178. — Les frais d'expertise faits par les experts du Lloyd, 19 mars 1888, tribunal suprême de l'Empire, *Rev. intern. du dr. marit.*, IV, p. 321).

Angleterre. 179. — Les jours perdus par le navire abordé pour effectuer ses réparations doivent lui être payés comme surestaries au taux prévu par la charte-partie en cours. (Cour du comté de Stonehouse, 18 octobre 1886, *Rev. intern. du dr. marit.*, II, p. 577).

Belgique. 180. — La réparation du dommage causé par un abordage fautif doit comprendre tous les préjudices prévus ou imprévus, directs ou indirects réellement encourus par suite du quasi-délit.

On ne peut allouer à l'abordé le demi-fret pour rupture de voyage en même temps que l'indemnité de chômage. Ce serait faire profiter à la fois le navire du voyage et de l'impossibilité de l'exécuter.

Quand l'abordage a nécessité le débarquement de la cargaison, l'abordeur doit, outre les frais, payer une commission pour soins (Anvers, 15 juin 1887, *A.* 87, 1, 114).

Taux de chômage d'un sloop de 80 tonneaux, 40 francs par jour (Anvers, 5 juillet 1886, *A.* 87, 1, 101).

Pour un bateau du Rhin de plus de 300 tonnes, 10 cent. par tonne et par jour constituent en l'état des taux du fret au moment du procès une indemnité de chômage suffisante (Trib. civ. d'Anvers, 2 décembre 1887, *Rev. intern. du dr. marit.,* IV, p. 450. Voir *Pandectes belges,* v° *Abordage,* n° 425 et s., 439 et s.; Desjardins, V, p. 139).

Pays-Bas. 181. — Le capitaine dont le navire a été heurté et endommagé par la faute d'un autre capitaine a contre celui-ci une action, même sur les marchandises du chargement qui appartiennent à des tiers (Cour d'Amsterdam, 26 avril 1878, Clunet, 1884, p. 205).

Suède. 182. — Les armateurs du navire abordé doivent recevoir à titre d'indemnité de chômage 5 0/0 d'intérêts sur la valeur du navire après son avarie du fait de l'abordage (Cour suprême, 18 mars 1874, Clunet, 1876, p. 308).

CHAPITRE VI

De la faute commune.

§ I. — DÉFINITION ET EXEMPLES

France. 183. — La faute commune existe quand, en dehors des cas prévus par l'art. 407, l'abordage est survenu à raison de fautes commises par les deux capitaines soit en faisant ce qu'ils n'auraient pas dû faire, soit en ne faisant pas ce qu'ils auraient dû faire.

Les juges du fond apprécient souverainement les circonstances dans lesquelles s'est produit l'abordage et desquelles ils font résulter la faute commune (Cass., 30 juin 1879, *S.* 81, 1, 109 ; 12 juin 1876, *S.* 76, 1, 122).

Exemples de faute commune :

Il y a faute commune lorsque deux navires à vapeur suivant des routes qui se croisent, le capitaine du bâtiment qui voit l'autre par tribord ne s'écarte pas de la route de ce navire, et si le capitaine de ce second navire, au lieu de continuer directement sa route, conformément à l'art. 22 du règlement de 1884, exécute au dernier moment une manœuvre qui lui fait modifier sa direction (Bordeaux, 30 juillet 1888, *Rev. intern. du dr. marit.*, IV, p. 259).

Il y a faute commune à l'abordeur et à l'abordé, lorsque d'une part l'abordeur a forcé l'entrée du port malgré la dépense formelle d'entrer et navigué sans précaution, et que d'autre part l'abordé, faute d'avoir eu ses ancres en veille pour pouvoir mouiller à temps, a aggravé les conséquences de l'abordage (Rouen, 6 fév. 1885, *Rev. intern. du dr. marit.*, I, p. 146).

Doit être attribué à la faute commune des capitaines l'abordage qui se produit entre deux navires marchant l'un derrière l'autre, lorsque le premier a mouillé sans prendre les précautions nécessaires et que le second ne se tenait pas assez au large du navire qui le précédait et qu'il devait dépasser. Mais la faute commise par le capitaine qui a mouillé sans prendre les précautions voulues, notamment sans arborer le pavillon de mouillage et en se tenant l'arrière au courant, est beaucoup plus importante. Dès lors il y a lieu de faire supporter par ce capitaine les deux tiers des conséquences dommageables et de n'en mettre qu'un tiers à la charge de l'autre capitaine (Bordeaux, 1er déc. 1886, *Rev. intern. du dr. marit.*, II, p. 531).

Il y a faute commune si un des navires a contrevenu à la règle de tribord et si l'autre ne s'y est conformé que tardivement (Rouen, 7 août 1885, sous Cass., 5 avril 1886, *Rev. intern. du dr. marit.*, II, p. 12).

Un navire au mouillage ne doit avoir, la nuit, qu'un seul feu blanc. Le capitaine commet donc une faute lorsqu'étant au mouillage et se disposant à appareiller, il fait allumer ses feux de route, avant que l'ancre ait quitté le fond et que le navire soit en état d'évoluer. Cette faute doit avoir pour résultat d'atténuer celle qu'a pu commettre un autre capitaine en passant trop près du mouillage et en l'abordant (Dunkerque, 29 janvier 1884, *M.* 1884, 11, 8) (1).

Allemagne. 184. — ART. 137. — Quand aucune faute ne tombe à la charge d'une personne de l'équipage de l'un ou de l'autre navire ou quand l'abordage a été amené par une faute commune, aucune indemnité ne peut être réclamée pour le dommage causé à l'un des navires ou à tous deux (2).

Angleterre. 185. — En cas de faute commune il n'y a pas lieu à une action en responsabilité (Cour d'appel, 15 juillet 1879; Clunet, 1880, p. 588). Cette décision semble en opposition avec la 25° section de l'acte de judicature de 1873 qui, en cas de *contributory negligence*, maintient les règles admises par les Cours d'amirauté de préférence aux règles suivies dans les Cours de droit commun où l'on suit les principes posés par l'arrêt ci-dessus relaté.

Danemark. 186. — En cas de faute commune le dommage est partagé par moitié (Tribunal maritime de Copenhague, 3 sept. 1884, *Rev. intern. du dr. marit.*, III, p. 348).

En cas d'abordage d'un navire à l'ancre par un navire à vapeur, et lorsqu'il y a faute des deux côtés, le dommage est réparti par moitié entre les deux navires (So-og Handelsret, 3 janvier 1884, *Rev. intern. du dr. marit.*, II, p. 352 et la note de M. Beauchet qui accompagne cette décision).

États-Unis. 187. — En cas de faute commune le dommage est partagé par moitié (Cour de circuit du district Sud de

---

(1) Il y a faute commune quand une barque de pêche n'a pas son fanal vert et rouge, et quand le capitaine d'un vapeur qui aperçoit à tribord le feu blanc d'un voilier se porte sur tribord au lieu de continuer sa route, ce feu blanc devant lui faire présumer que le voilier est au mouillage (Havre, 18 mars 1889, *Rev. intern. du dr. marit.*, V, p. 217).

(2) Il a été déclaré expressément dans les conférences de Hambourg que cet article ne concernait pas la cargaison (*Proc. Verb.*, VI, p. 2787). Le propriétaire de celle-ci a son recours contre l'armateur de chacun des navires, suivant les règles générales du droit.

New-York, 6 sept. 1886, *Rev. intern. du dr. marit.*, II, p. 458 ;
voir également : Henry, *Admiralty Juridiction*, p. 213).

Suède. 188. — ART. 172 § 2. — Si l'abordage a été amené
par une faute commune ou par suite d'accident, chaque navire
supporte son préjudice. Cependant dans le premier cas le
tribunal aura à vérifier si une partie est plus en faute que
l'autre navire et l'armement est également responsable d'après
les termes de l'art. 49 (1).

ART. 174, § 2. —..... Si la faute est des deux côtés, chaque capitaine réparera le préjudice causé aux marchandises dans son
navire à moins que l'un ne soit plus en faute que l'autre,
auquel cas les règles de l'art. 172 § 2 sont applicables.

Voir du reste sur cette question les textes de loi des différents pays, p. 15 et s.

§ II. — DES ACTIONS DE RESPONSABILITÉ EN CAS DE FAUTE COMMUNE

France. 189. — La responsabilité se détermine d'après les
règles du droit commun, c'est-à-dire proportionnellement à la
gravité des fautes commises par les capitaines (Cass., 30 juin
1879, *S.* 81, 1, 109, *D.* 81, 1, 173 ; Cass., 15 nov. 1871, *S.* 71, 1, 181,
D. 73, 1, 341 ; Conseil d'État, 15 fév. 1872, *S.* 73, 2, 240 ; *sic*,
Caumont, v° *Abordage*, n° 108; Fresquet, n°s 27 et 52; Alauzet,
IV, n° 2320 ; Bédarride, V, n° 1780; Ruben de Couder, v° *Avarie*,
n° 199 ; de Valroger, n° 2117 ; Sirey, *Rép.*, v° *Abordage*, n° 155 et
s. ; *Pand. franç. eod. v°*, n° 140 et s.; Bordeaux, 30 juillet 1888,
Rev. intern. du dr. marit., IV, p. 259 ; Bordeaux, 23 mars 1887,
ibid., III, p. 26 ; Rouen, 6 fév. 1885, *ibid.*, I, p. 146 ; Desjardins,
V. p. 34.

Belgique : Bruxelles, 3 janvier 1879, *Pasicr.*, 79, 2, 262.

Les juges du fond ont un pouvoir souverain pour apprécier les
responsabilités et déterminer dans quelle mesure les dommages
doivent être répartis (Cass., 20 juillet 1880, *S.* 80, 1, 350).

En cas de faute commune constatée tous les chargeurs lésés

____

(1) Abandon du navire et du fret.

par l'abordage ont une action *solidaire* contre les deux capitaines, les co-auteurs de délits ou de quasi-délits provenant d'une faute commune étant tenus *in solidum* des dommages intérêts (Cass., 6 fév. 1883, *D.* 83, 1, 451 ; de Valroger, V, 2118 ; Bordeaux, 30 juillet 1888, *Rev. intern. du dr. marit.*, IV, p. 259 (1) ; Bordeaux, 1er déc. 1886, *ibid.*, II, p. 531).

190. — Les chargeurs ont en cas de faute commune une action solidaire contre les deux capitaines, même quand l'abordeur et l'abordé appartenaient à la même compagnie, et même quand cette compagnie leur a fait abandon du navire et du fret du navire abordé où étaient leurs marchandises.

La Cie ne peut prétendre qu'elle paiera deux fois en faisant abandon du second navire, elle ne peut même pas demander une déduction, alors que les circonstances dans lesquelles le navire, dont l'abandon est fait, a péri, laissent peu d'espoir d'opérer son renflouement ou son sauvetage (Tunis, 6 juin 1889, *Rev. intern. du dr. marit.*, livraison VII-VIII).

Allemagne. 191. — En cas d'abordage le propriétaire de la cargaison du navire abordé peut actionner en dommages-intérêts l'armateur auquel appartient le navire abordeur. Ce dernier n'est pas fondé à repousser l'action dirigée contre lui en opposant que l'abordage est le résultat d'une faute commune. (Trib. sup. de com. de l'Empire, 5 mars 1874, Clunet, 1875, p. 360).

Angleterre. 192. — D'après le *Common law*, une demande en indemnité de la part des parents d'une personne tuée à bord d'un navire abordé, ne peut être dirigée contre les propriétaires de l'autre navire dans le cas où l'abordage est dû à la faute commune des deux navires (Haute Cour de justice, div. de l'Amirauté, 2 mars 1886, Clunet, 1887, p. 90).

Les chargeurs d'après les règles de l'Amirauté anglaise n'ont de recours contre chaque navire que jusqu'à concurrence de la demie du préjudice souffert sans solidarité (Lushington, 388).

---

(1) Lorsque les chargeurs du navire perdu dans un abordage dû à la faute commune exercent leur action solidaire uniquement contre le capitaine abordeur, ce capitaine ne peut se prévaloir de ce que les connaissements stipulent l'irresponsabilité des armateurs des faits du capitaine. Cette clause constitue une exception personnelle aux armateurs (Arrêt de Bordeaux précité).

États-Unis. 193. — Le principe de répartir le dommage entre les navires, en cas d'abordage dû à une faute commune, ne s'applique qu'aux navires eux-mêmes. Les tiers ont une action solidaire (1) contre les deux navires (Morton P. Henry, p. 220 et 223).

En cas de dommages-intérêts dus aux passagers, la jurisprudence américaine applique les mêmes principes que la jurisprudence anglaise.

En ce qui concerne la réparation du dommage chaque navire est traité comme un défendeur isolé, et paie la moitié des avaries. La répartition a lieu de la sorte que l'un des navires soit perdu ou non.

CHAPITRE VII

De l'abordage mixte ou douteux.

§ I. — DÉFINITIONS — EXEMPLES

France. 194. — L'abordage est douteux dans tous les cas où il y a incertitude sur les causes réelles de l'abordage, soit que le doute existe quant au fait qui a été la cause de l'abordage, cas fortuit ou faute, soit qu'il existe quant aux véritables auteurs des fautes alléguées (Cass., 30 juin 1875, S. 75, 1, 457; Desjardins, V, n° 1129 ; Marseille, 23 déc. 1887, *Rev. intern. du dr. marit.*, III, p. 589).

.Par dérogation aux règles du droit commun le doute dont parle le paragraphe troisième de l'article 407, profite au demandeur dans les limites tracées par cet article ; *Pand. fr.*, eod. verbo, n° 151 et suiv.).

Pour que le doute profite à l'abordé, il faut qu'il soit préalablement établi que l'abordage n'est pas dû à un cas fortuit, mais

---

(1) Ce n'est pas à proprement parler une action solidaire, mais nous employons pourtant ce terme qui nous paraît déterminer les droits du demandeur.

a été causé par un fait sans qu'on puisse déterminer avec certitude à qui en incombe la responsabilité (Marseille, 23 déc. 1887).

Exemples d'abordage douteux :

Quand un navire a été abordé dans un port et qu'il n'est pas prouvé que le navire abordé ait cherché à se retirer, ni que l'autre navire ait commis une faute (Havre, 22 janvier 1856, *II. 56, 1, 37*).

Quand il y a eu hésitation dans les manœuvres d'un navire attendant un pilote, et d'un bateau-pilote cherchant à approcher le navire (Havre, 31 août 1866, *II. 67, 1, 10*).

Voir également les décisions citées sous le n° 194.

II. — DES ACTIONS EN RESPONSABILITÉ EN CAS D'ABORDAGE DOUTEUX

195. — En présence des termes de l'article 407 § 3 « S'il y a doute dans les causes de l'abordage, le dommage est réparé à frais communs et par égale portion par les navires qui l'ont fait et souffert », la jurisprudence et la doctrine sont d'accord pour décider que cet article dérogeant au droit commun en ce qui concerne la charge de la preuve, doit être appliqué strictement.

Ce sera donc le dommage causé aux navires, et aux navires seuls qui sera réparé à frais communs.

Dans les dommages causés aux navires on devra comprendre le coût des travaux effectués pour la réparation des avaries matérielles causées aux navires par l'abordage, ainsi que toutes les pertes qui en sont la conséquence directe et immédiate. (C. civ., art. 1149-1151). Telles sont : l'interruption de voyage, le retard dans les opérations commerciales, les frais de séjour de l'équipage, les frais de déchargement, d'emmagasinage, de rechargement (art. 403 § 3, 296 et 297 C. com.), la prime d'emprunt à la grosse contracté pour régler les réparations, la perte d'unité et de solidité du navire quand cette perte est prouvée (Cherbourg, 26 janvier 1866, cité par Caumont, v° *Abordage*, n° 11 ; *Pand. fr.*, v° *Abordage*, n° 162).

Les règles du droit commun reprennent leur empire lorsqu'il

s'agira de réparer le dommage causé aux cargaisons (Cass., 30 juin 1875, *S.* 75, 1, 457 ; Cass., 23 avril 1873, *S.* 73, 1, 365. Sic. Valin, *Des avaries*, art. 10 ; Emerigon, I, p. 418 ; Boulay-Paty, IV, p. 502 ; Vincens, III, p. 197 ; Pardessus, *Droit commercial*, II, n° 652 ; Alauzet, V, n° 2319 ; Bédarride, V, n° 1778 ; Sibille, n° 88 ; Caumont, v° *Abordage*, n° 514 ; Boistel, p. 957 ; Desjardins, V, p. 136) ou aux personnes (Trib. civ., Marseille, 13 juillet 1888, *Rev. intern. du dr. marit.*, IV, p. 166).

Il faudra donc établir une faute à l'encontre de la personne que l'on prétend rendre responsable (art. 1382, C. civ.).

En cas d'abordage douteux, il ne peut être question de responsabilité pénale ou disciplinaire, en l'absence de faute constatée à l'égard des capitaines (de Valroger, n° 2116 ; Sibille, n° 86 ; Sirey, *Rép.*, v° *Abordage*, n° 151).

CHAPITRE VIII

De l'abordage en cas de remorquage.

France. 196. — En l'absence de texte formel précisant la situation juridique du remorqueur et du remorqué la jurisprudence française pose les principes suivants :

Le navire remorqué peut avoir choqué le navire abordé sans être pour cela le véritable auteur du choc. Au point de vue de la responsabilité, tout dépendra de la manière dont la marche des deux navires (remorqueur et remorqué) aura été combinée, et du degré de liaison et d'indivisibilité qui aura existé entre eux.

Faute de preuve que l'abordage provient du navire remorqué la présomption sera que le remorqueur est garant de la remorque et par conséquent responsable (Douai, 20 juin 1883, *Rev. intern. du dr. marit.*, I, 117 ; Marseille, 22 mars 1884, *M.* 64, 1, 104 ; de Valroger, n° 2119) (1).

---

(1) Toutefois le capitaine du navire abordé peut régulièrement introduire son action contre celui du navire abordeur remorqué, sauf recours de ce dernier contre le navire remorqueur (arrêt de Douai précité).

Contrà. — Dans l'intérieur d'un port, les remorqueurs à vapeur n'étant que des moyens de locomotion employés par le capitaine d'un navire pour suppléer à la force du vent ou de la vapeur qui lui manque, c'est à ce dernier à conserver le commandement de la manœuvre et à la diriger à l'aide de ses officiers. Par suite le capitaine du remorqué est responsable des avaries subies par son navire dans un abordage survenu pendant l'opération du remorquage. Les remorqueurs ne pourraient encourir de responsabilité à cet égard, que s'il était établi qu'ils ont manqué d'exécuter les ordres donnés par le capitaine du remorqué (Marseille, 4 déc. 1882, 1883, 1, 65).

Un remorqueur occupé à donner la remorque à un autre navire ne jouissant pas de la liberté de ses mouvements, doit être assimilé à un navire à voiles lorsqu'il s'agit d'apprécier les manœuvres qu'il a faites au moment d'un abordage avec un autre vapeur. Spécialement, il n'est pas de plein droit réputé en faute pour avoir manqué d'exécuter littéralement quelque prescription du règlement du 1er septembre 1884 (Aix, 3 mai 1886, *M.* 88, 1, 105).

Un vapeur, bien qu'il soit remorqué et qu'il ait un pilote à bord, ne saurait invoquer le cas de force majeure et être déclaré irresponsable, si, en sortant, par suite d'une embardée, il a abordé et coulé un voilier qui entrait dans des conditions normales. Quand la cause de l'embardée reste inexpliquée, il y a présomption que le vapeur est en faute, et dès lors responsable (Douai, 21 déc. 1885, *Rev. intern. du dr. marit.*, II, p. 515).

L'article 407 § 3, qui met à la charge des deux navires les frais causés par l'abordage douteux, peut être appliqué au navire remorqueur, bien qu'il n'ait pas touché lui-même le navire abordé, si le propriétaire du navire remorqué par lequel le choc s'est produit est mis hors de cause, comme n'étant pas en faute (Cass., 23 avril 1873, *S.* 73, 1, 365, *D.* 73, 1, 342 ; *Pand fr.*, v° *Abordage*, n° 158 ; Sirey, *Rép.*, v° *Abordage*, n° 172).

Allemagne. 197. — Le fréteur du navire remorqué est responsable du dommage causé par son navire à la suite d'une faute commise par le remorqueur, attendu que le remorqueur se trouve sous la direction du remorqué (Trib. sup. hanséat., 7 janvier 1887, *Rev. intern. du dr. marit.*, II, p. 716. V. art. 741).

Angleterre. 198. — Dans un abordage causé par la faute du remorqueur, le navire remorqué, considéré comme corps mort, peut être mis hors de cause, et le remorqueur doit être directement condamné (Cour du comté de Stonehouse, 18 octobre 1886, *Rev. intern. du dr. marit.*, II, p. 577 ; Cour des Plaids communs, Clunet, 1876, p. 32).

Belgique. 199. — Si, en général, c'est le navire remorqué, lorsqu'il est muni de son armement, qui commande le remorqueur, il n'en peut être ainsi pour un bateau équipé de trois hommes seulement et dont la direction était abandonnée au remorqueur. Le remorqueur et le remorqué ne forment qu'une seule individualité à l'égard du tiers ; par suite, le dommage causé par le remorqueur est censé avoir été causé conjointement par les deux bâtiments (Bruxelles, 8 déc. 1884, *A.* 1885, 1, 199 ; voir *Pandectes belges*, v° *Abordage*, n° 44 et s.). En cas de faute commune du remorqueur et du remorqué, ils sont tenus solidairement (Anvers, 24 mai 1888, *A.* 88, 1, 272).

Espagne. 200. — Voir art. 831.

États-Unis. 201. — Dans les abordages survenant quand un des navires est remorqué, la question de savoir qui est en faute, du remorqueur ou du remorqué, est une pure question de fait. Le remorqueur n'est pas un transporteur ordinaire, ni un assureur de la sûreté du remorqué. Il n'y a pas non plus entre les deux navires les relations de maître à préposé qui puissent rendre le remorqué responsable des actes du remorqueur. (Voir les nombreuses décisions citées sur cette question par Morton P. Henry, p. 249 et s.)

202. — Dans le cas où la faute est commune entre le navire remorqueur et le remorqué, les dommages doivent être répartis entre l'un et l'autre, d'après la gravité de la faute imputée à chacun d'eux (Cour suprême des États-Unis, 2 mai 1881, Clunet, 82, 439).

Italie. 203. — Voir art. 664.

Pays-Bas. 204. — Tout dépend d'une question de preuve, et s'il est démontré que la faute provient du navire remorqué, celui-ci est seul responsable de l'abordage (Amsterdam, 16 mai 1878, Clunet, 84, 205).

CHAPITRE IX

§ I. — COMPÉTENCE ADMINISTRATIVE EN CAS D'ACTION DIRIGÉE CONTRE UN PILOTE

France. 205. — Un pilote lamaneur est un agent de l'administration ; il est tenu avant tout de se conformer aux règlements et aux instructions administratives. En conséquence, il ne peut être rendu contre le pilote aucun jugement sur une demande en dommages-intérêts pour un fait résultant de l'accomplissement de ses fonctions, tant que l'autorité administrative n'a pas décidé la question de savoir s'il s'est conformé aux règlements et instructions sur le lamanage (Conseil d'État, 23 avril 1807, S. chr. ; Cass., 17 janvier 1842 ; *S.* 42, 1, 432. *Sic*, Ruben de Couder, v° *Pilote*, n° 60.; Caumont, v° *Compétence*, § 9, n° 56; Dutruc, II, v° *Pilotage, pilote*, n° 38; Sibille, *Jurisprudence concernant l'abordage*, p. 282, n° 330 ; *Pand. fr.*, v° *Abordage*, n° 173).

Il en est ainsi .notamment lorsqu'il s'agit d'une fausse manœuvre du pilote dans la conduite d'un navire (Conseil d'Etat, 6 septembre 1824).

Voir du reste, loi des 16, 24 août 1790, t. II, art. 13 ; loi du 16 fructidor an III ; décret du 12 décembre 1806, art. 50 ; Sirey, *Lois annotées*, 1789 à 1830, p. 49, 317, 738, et un arrêt de la Cour de Douai, du 25 mars 1889, *Rev. intern. du dr. marit.*, V, p. 20).

§ II. — RESPONSABILITÉ DES ARMATEURS EN CAS DE PILOTE A BORD AU MOMENT DE L'ABORDAGE

France. 206. — La responsabilité des fautes du pilote en cas d'abordage retombe sur le navire qu'il conduit, vis-à-vis des tiers auxquels la fausse direction du navire a causé préjudice.

Le capitaine peut être tenu solidairement avec le pilote, dans le cas où il est co-auteur du quasi-délit.

Les tribunaux ont donc à apprécier la part de responsabilité à charge du capitaine dans les manœuvres fautives. Paris, 11 février 1861, *H.* 61, 2, 248; Caen, 16 juillet 1879, *D.* 81, 2, 169; Douai, 25 mars 1889, *Rev. intern. du dr. marit.*, V, p. 20; Bordeaux, décembre 1886, *ibid.*, II, p. 531; Rouen, 2 juin 1886, *ibid.*, p. 285; Douai, 21 décembre 1885, *ibid.*, II, p. 515. *Sic.*, Caumont, n° 191; Sirey, *Rép.*, v° *Abordage*, n° 118; Cass., 27 mars 1889, *Rev. intern. du dr. marit.*, V, p. 5).

L'armateur est civilement responsable des faits du pilote, comme du capitaine et de l'équipage dans les limites de l'art. 216 C. com. (Havre, 3 mars 1885, *Rev. intern. du dr. marit.*, I, p. 133, *H.* 85, 1, 87 et les décisions citées en note; Conseil d'État, 25 janvier 1875, *S.* 76. 2, 278).

Sic, Caumont, v° *Abordage*, n° 191; Lyon-Caen et Renault, II, n° 1009 et 1823; *Pand. fr.*, v° *Abordage*, n° 171; Sirey, *Rép.*, *eod.* v°, n° 113 et suiv.; Desjardins, II, n° 470; Laurin sur Cresp., I, p. 587; Tartara, n° 20; de Valroger, n° 2016, Laurin; *Rev. intern. du dr. marit.*, I, p. 548.

En résumé le pilote n'est à l'égard des tiers que le préposé du capitaine et de l'armateur. Mais la présence d'u pilote à bord dégage la responsabilité *personnelle* du capitaine en cas d'abordage, quand on n'a aucune faute à lui reprocher. Il faut donc en résumé distinguer entre la responsabilité directe et personnelle du capitaine et sa responsabilité indirecte, dérivant de sa qualité de commettant à l'égard du pilote. Cette dernière existe dans tous les cas. La première n'existe que quand il y a eu faute ou négligence personnelle.

Allemagne. 207. — Quand le navire s'est trouvé sous la conduite obligatoire d'un pilote lamaneur, et que les gens de l'équipage ont rempli les obligations qui leur incombent, l'armateur n'est pas responsable du dommage qui résulte d'un abordage causé par la faute du pilote (Tribunal de l'Empire, 12 juillet 1886, *Rev. intern. du dr. marit.*, II, p. 712; trib. sup. hanséatique, 13 octobre 1884, 13 novembre 1885, *ibid.*, I, p. 155, 526. Voir art. 740, p. 16).

Angleterre. 208. — Le capitaine n'est pas responsable de l'abordage causé par la faute d'un pilote dont l'assistance est obligatoire. Ce pilote est considéré comme un tiers. (Haute

Cour de justice, div. de l'Amirauté, *Rev. intern. du dr. marit.*, II, p. 190; Merch. Sh. act § 388).

Dans le cas où l'armateur est responsable, la loi anglaise redevient applicable pour limiter la responsabilité du navire abordeur à £ 8 par tonneau de jauge (Cour suprême de judicature, arrêt du 15 février 1887 précité. Rapprocher: Haute Cour de justice, div. de l'Amirauté, 23 mars 1886, 7 août 1886, *Rev. intern. du dr. marit.*, II, p. 62, 335).

La jurisprudence française considérant le pilote comme l'aide du capitaine, la jurisprudence anglaise lui laisse par conséquent la responsabilité de la faute commise par ce pilote (Haute Cour de justice, div. de l'Amirauté, 26 juillet 1886, *Pand. fr. pér.*, 88, 5, 17; Sup. Cour de judicature, 15 février 1887, *Rev. intern. du dr. marit.*, II, p. 726).

Au contraire les tribunaux anglais ont décidé que dans le cas d'abordage survenu en Belgique, pendant un pilotage obligatoire, le pilote belge est un tiers qui supprime l'autorité du capitaine, et, en conséquence, ne peut engager sa responsabilité (Haute Cour de justice, div. de l'Amirauté, 26 juillet 1886 précité). La Cour s'est surtout appuyée sur ce principe que quelle que soit la législation du lieu où le fait s'est passé, et dans l'espèce la loi belge rend l'armateur responsable du pilote, on ne pouvait demander en Angleterre des dommages-intérêts à une personne à raison d'un acte dont elle n'est pas responsable d'après la loi de ce pays.

L'emploi d'un pilote dans le canal de Suez, quoique obligatoire, n'exempte pas les propriétaires de navire de la responsabilité du dommage causé à un autre navire par la négligence du pilote. D'après les règlements du canal de Suez (art. 4), un pilote doit fournir au capitaine tous les renseignements nécessaires dans les matières exigeant la connaissance locale et pratique du canal, mais le capitaine reste responsable de la navigation du navire. Les dispositions qui établissent de telles relations entre le capitaine et le pilote, et qui sont contraires à celles de la législation anglaise, ne sont pas entachées d'excès de pouvoirs et ont force obligatoire (Cour d'appel, 4 juillet 1882, Clunet, 1883, p. 176).

Argentine (République). 209. — Voir art. 1432, p. 19.

Belgique. 210. — La présence d'un pilote à bord ne fait pas obstacle à la responsabilité établie par l'art. 228 (voir p. 19). Le pilote n'est à l'égard des tiers que le préposé du capitaine et de l'armateur, qui sont responsables de ses fautes, sauf leur action récursoire contre lui (*Pand. belges*, v° *Abordage*, n° 40).

Mais la présence du pilote à bord dégage la responsabilité personnelle du capitaine, s'il n'a commis aucune faute ni participé à celle du pilote (*ibid.*, n° 42).

Il faut donc distinguer entre la responsabilité directe et personnelle du capitaine et sa responsabilité indirecte dérivant de sa qualité de commettant à l'égard du pilote. Cette dernière existe dans tous les cas. La première n'existe que s'il y a eu faute ou négligence personnelle au capitaine, ce qui n'est pas la présomption, quand le pilote est à bord et a pris le commandement (*ibid.*, n° 42).

Chili. 211. — Voir art. 1132, p. 21.

Danemark. 212. — D'après l'art. 25 de la loi du 13 juin 1879 sur le pilotage, le pilote n'a pas d'autorité sur l'équipage et du moment qu'on n'est pas dans un cas de pilotage obligatoire, le capitaine reste tenu vis-à-vis des tiers du dommage causé par le navire. (Sö-og Handelsret, 19 mars 1883, Clunet, 1885, p. 202).

Égypte. 213. — D'après un jugement du tribunal d'Ismaïlia, interprétant l'article 14 du règlement de la Compagnie du canal de Suez, la responsabilité du capitaine est présumée, mais elle disparaît devant la preuve que le pilote lui a été imposé et qu'il a dû lui céder la conduite et le commandement du navire (Ismaïlia, 5 mars 1877, Clunet, 1878, p. 168).

Espagne. — Voir art. 834, p. 24.

États-Unis. 214. — L'obligation pour les capitaines et armateurs de prendre un pilote pourvu d'une commission délivrée par le gouvernement, ne décharge pas le navire, dans une action *in rem*, de la responsabilité du dommage quand même ce dommage résulte de la faute du pilote (Cour suprême des États-Unis, octobre 1876, Clunet, 1877, p. 264). La Cour suprême a pourtant décidé qu'un abordage survenu entre deux navires américains dans les eaux anglaises, alors qu'ils étaient placés sous la direction de pilotes obligatoires, n'engageait pas la responsabilité des propriétaires (1 How. 28. Morton P. Henry, p. 218). Elle a décidé par contre que l'abordage entre deux navires anglais dans les eaux des États-Unis était régi par la loi de ce dernier pays, qui admet la responsabilité du capitaine (*The China* 7 Walt. 53 Morton P. Henry, p. 259).

Finlande. 215. — Voir art. 155 § 2, p. 26.

Guatémala. 216. — Voir art. 1006, p. 26.

Honduras. 217. — Voir art. 1129, p. 26.

Italie. 218. — Si un navire qui s'est mis sous la direction d'un pilote, cause quelque avarie à un autre bâtiment, le pilote répond seul de ce dommage. Le capitaine, pas plus que le propriétaire du navire, ne sera jamais civilement responsable (Cass., Florence, 23 mars 1876, Clunet, 1878, p. 91).

D'après le Code italien de la marine marchande, il doit être établi, partout où est reconnue la nécessité, un corps officiel de pilotes (art. 192). Le corps des pilotes fournit un cautionnement pour une somme déterminée par le règlement (art. 198). Ladite corporation est, jusqu'à concurrence de cette somme, responsable des dommages causés par l'impéritie ou la négligence du pilote, lequel demeure pour le surplus personnellement responsable. Cette responsabilité ne doit atteindre qu'eux seuls, car aux termes des art. 201 et 202 du Code précité, ils sont investis du commandement pour tout ce qui se rapporte à la sûreté du navire, jusqu'à ce qu'il soit à destination ou hors de danger (Clunet, en note de l'arrêt précité).

On pourrait cependant citer des arrêts plus récents en sens contraire, d'après lesquels le capitaine et le pilote, même en cas de pilotage obligatoire, sont tenus solidairement responsables (Cass., Florence, 19 mai 1882, *Foro It.*, I, 529 ; App. Venise, 27 oct. 1881, *ibid.* I, 254 ; Benfante, p. 130).

Malte. 219. — On suit la loi française.

Pays-Bas. 220. — Quand l'abordage a eu lieu par la faute du pilote (même dans le cas où le pilotage était obligatoire), le capitaine est néanmoins responsable de cette faute commise par le pilote appartenant temporairement à son équipage, et dès lors l'action peut être dirigée contre lui (Tribunal de Rotterdam, 1er décembre 1883, *Rev. intern. du dr. marit.*, I,

p. 257 et les décisions citées en note ; Cour d'appel d'Amsterdam, 24 décembre 1885, Clunet, 1887, p. 105).

Portugal. 221. — Voir art. 698, p. 32.

Russie. 222. — La jurisprudence russe consacre les mêmes principes (Sénat de St-Pétersbourg, 12 décembre 1880, Clunet, 1887, p. 373).

Salvador. 223. — Voir art. 1050, p. 36.

Suède. 224. — La loi suédoise ne renferme aucune disposition exemptant l'armateur de toute responsabilité du dommage résultant d'un abordage survenu au moment où le navire se trouvait sous la conduite obligatoire d'un pilote lamaneur. L'article 15 de l'ordonnance du 15 février 1881 sur le pilotage, porte que le capitaine est responsable de la manœuvre du navire conformément à la direction et à la profondeur d'eau indiquée par le pilote. On peut donc conclure de ce texte que si, ce qui arrivera ordinairement, l'abordage provient d'une fausse manœuvre, les armateurs seront tenus sur le navire et sur le fret du dommage qui en résulterait, même si le pilote est la cause immédiate de l'accident (Hambro, Svenska Sjörätt, p. 302, Beauchet, *Rev. intern. du dr. marit.*, III, p. 102 et s.).

CHAPITRE X

Qui peut intenter l'action en dommages-intérêts résultant de l'abordage.

France. 225. — Toute personne lésée par l'abordage a qualité pour intenter l'action. Le capitaine (art. 435 § 3 ; Req. 10 août 1875, S. 76, 1, 117 ; Desjardins, V, p. 84).

Le batelier pour la réparation du préjudice causé au navire ou au chargement, même quand il n'est propriétaire ni de l'un ni de l'autre (Anvers, 27 novembre 1883, *Journal des int. marit. d'Anvers*, 29 novembre 1883).

Le propriétaire (Marseille, 25 septembre 1883, *M.* 1883, 1, 319 ;

Desjardins, IV, n° 1036; Haute Cour, Prob. div. and Admiralty, 11 mai 1881, Clunet, 1883, p. 175).

L'armateur-gérant (Desjardins, II, n° 259).

Les chargeurs (Trib. sup. de com. de l'Emp. allemand, 30 mars 1874, Clunet, 1875, p. 360).

Les gens de mer ou les passagers blessés et les héritiers des personnes tuées dans l'abordage (Mars., Civ., 9 juillet 1873, *M*. 74, 2, 39).

L'assureur, personnellement investi d'une action directe contre l'auteur de l'abordage, jusqu'à concurrence du montant de l'assurance que le sinistre l'a obligé de payer (Cass., 12 août 1872, *S*. 72, 1, 323).

Le propriétaire ou l'armateur déclaré responsable peut actionner à son tour en responsabilité celui de ses préposés par la faute duquel l'abordage a eu lieu (Desjardins, II, n° 377).

Sic : Italie, art. 663; Chili, art. 1131; Guatémala, art. 1005; Salvador, art. 1049; Honduras, art. 1128; Pays-Bas, art. 349; Rép. Arg., 1424.

Belgique. — ART. 231. — La demande formée par le capitaine ou le propriétaire du navire abordé conserve les droits des hommes de l'équipage, des tiers chargeurs, des passagers ou de tous autres intéressés. A défaut du propriétaire ou du capitaine, la demande peut être formée par tous intéressés.

Le jugement qui statuant sur une action en indemnité pour abordage a déclaré le capitaine directement responsable des faits imputés à son préposé, n'a pas d'ailleurs l'autorité de la chose jugée quand l'armateur intente une action récursoire contre le capitaine. Celui-ci, conformément à l'article 1351 du Code civil, peut tout remettre en question devant le tribunal saisi du nouveau procès (Desjardins, V, p. 90; Marseille, 29 juin 1864, *M*. 64, 1, 186).

Sic : Italie, Cass., Turin, 11 mars 1875, Clunet, 1876, p. 133. Le capitaine conserve son droit de recours contre les officiers du navire ou les autres personnes coupables d'une fausse manœuvre, mais ce recours, fondé en droit, n'a aucune portée utile dans la pratique.

CHAPITRE XI

Des personnes responsables en matière d'abordage.

§ I. — RESPONSABILITÉ DU CAPITAINE

France. 226. — Aux termes de l'article 221 du Code de commerce tout capitaine, maître ou patron, chargé de la conduite d'un navire ou autre bâtiment, est garant de ses fautes, même légères, dans l'exercice de ses fonctions.

Sa responsabilité est indéfinie, et il ne peut s'affranchir par aucune clause de cette responsabilité personnelle, semblable stipulation étant considérée par la jurisprudence comme contraire à l'ordre public (Sibille, n° 422 ; Bordeaux, 6 fév. 1889, *Rev. intern. du dr. marit.*, IV, p. 645).

Italie. 227. — Les articles 496, 491, al. 2, du Code de com., 1152, 1745 et suiv. du Code civil posent des principes analogues. Voir également : Cass., Turin, 11 mars 1875, *Racc.* XXVII, 1, 404.

France. 228. — Il est civilement responsable à l'égard des tiers des faits de l'équipage sauf son recours, en fait illusoire, contre le matelot auteur de la faute (Marseille, 16 août 1842, *M.* 1843, 1, 141).

Mais le capitaine n'est pas civilement responsable de l'équipage vis-à-vis de l'armateur. Les gens de l'équipage sont, au point de vue légal, les domestiques ou les préposés de l'armateur aussi bien que du capitaine (Sibille, n° 424).

Belgique. 229. — ART. 230 (loi du 21 août 1879). — Le recours est exercé contre le navire abordeur en la personne de son capitaine ou de ses propriétaires. Le capitaine n'encourt de responsabilité personnelle que s'il y a de sa part faute ou négligence.

États-Unis. 230. — Les actions dirigées *in rem* contre le navire considéré comme un être moral entraînent une responsabilité plus étroite que les actions dirigées contre le propriétaire personnellement, *in personam*, d'après les règles de la responsabilité des faits d'un préposé (voir les principes posés par le juge Story dans l'affaire du *Malek Adhel*, 2 How, 210, Morton P. Henry, p. 225).

Italie. 231. — L'action ne saurait être intentée contre un simple consignataire de navires qui pourrait ignorer les moyens de défense et les exceptions appartenant aux intéressés (Com., Gênes, 6 août 1885, *Giur. com. Genova*, 1885, 1, 201).

§ II. — RESPONSABILITÉ DU PROPRIÉTAIRE DE NAVIRES

France. 232. — Le propriétaire du navire, en vertu de l'art. 216 du Code de commerce, est civilement responsable des faits du capitaine ou des gens de l'équipage qui ont pu avoir une influence quelconque sur l'abordage.

Mais tandis que la responsabilité du capitaine est une responsabilité personnelle et indéfinie, la responsabilité du propriétaire est une responsabilité civile et limitée (voir le chapitre des limites de la responsabilité des propriétaires de navires).

Cette responsabilité subsiste même quand le navire est affrété à une personne qui le fait naviguer pour son compte, sous la direction du capitaine choisi par le propriétaire.

Ce ne serait que dans le cas très rare, où la coque du navire serait seulement louée, le capitaine et l'équipage étant choisis par l'affréteur, que ce dernier devrait être considéré comme civilement responsable.

(Voir sur la responsabilité des faits du capitaine en cas d'affrètement, l'article de M. de Valroger, *Rev. intern. du dr. marit.*, V, p. 143 ; Req. Cass., 11 décembre 1887, *ibid.*, IV, p. 516).

Allemagne. 233. — ART. 764. — Le créancier de navire qui exerce son droit de gage peut actionner aussi bien l'armateur que le capitaine, et ce dernier même au cas où le navire est au port d'attache.

La décision rendue contre le capitaine est, en ce qui concerne le droit de gage, opposable à l'armateur.

CHAPITRE XII

Des limites légales de la responsabilité des propriétaires de navires.

France. 234. — ART. 216. — Tout propriétaire de navire est civilement responsable des faits du capitaine, et tenu des engagements contractés par ce dernier, pour ce qui est relatif au navire et à l'expédition.

Il peut, dans tous les cas, s'affranchir des obligations ci-dessus par l'abandon du navire et du fret.

Toutefois la faculté de faire abandon n'est point accordée à celui qui est en même temps capitaine et propriétaire ou copropriétaire du navire. Lorsque le capitaine ne sera que copropriétaire, il ne sera responsable des engagements contractés par lui, pour ce qui est relatif au navire et à l'expédition, que dans la proportion de son intérêt. En cas de naufrage du navire dans un port de mer ou hâvre, dans un port maritime ou dans les eaux qui leur servent d'accès, comme aussi en cas d'avaries causées par le navire aux ouvrages d'un port, le propriétaire du navire peut se libérer, même envers l'État, de toute dépense d'extraction ou de réparation, ainsi que de tous dommages-intérêts, par l'abandon du navire et du fret des marchandises à bord.

La même faculté appartient au capitaine qui est propriétaire du navire, à moins qu'il ne soit prouvé que l'accident a été occasionné par sa faute.

L'indemnité payée à un armateur par l'auteur d'un abordage remplace, dans la fortune de mer de cet armateur, le navire qui a péri. En conséquence l'administration de la Marine, créancière des frais de rapatriement des marins du navire abordé, peut exercer son action sur l'indemnité payée à l'armateur (Rennes, 26 janvier 1885, N. 1886, 1, 285 ; Desjardins, II, p. 96 ; Ruben de Couder, v⁰ *Armateur*, n⁰ 103 ; Bordeaux, 14 novembre 1850, M. 29, 2, 145 ; Civ. Marseille, 8 août 1870, M. 72, 2, 128).

Allemagne. 235. — L'armateur n'est pas tenu personnellement envers les tiers créanciers, mais seulement sur le navire et ses accessoires, ainsi que sur le fret du voyage auquel se rapporte la créance, quand la créance résulte de la faute d'une personne de l'équipage (art. 452, 3o ; art. 443, art. 759).

Ce système n'est pas celui qu'a consacré l'art. 216 du Code français. La différence consiste en ce qu'en France le propriétaire de navire est tenu sur tous ses biens, sauf à opter pour l'abandon du navire et du fret, tandis que le Code allemand, sans qu'il y ait une option quelconque à faire par l'armateur, admet qu'il n'est tenu que sur le navire et le fret (Code allemand, traduction de Gide, Lyon-Caen, Flach et Dietz, sur art. 452).

Art. 451. — L'armateur est responsable du dommage causé à un tiers par la faute d'une personne de l'équipage dans l'exercice de ses fonctions.

Art. 452. — L'armateur n'est pas tenu personnellement envers les tiers créanciers, mais réellement sur le navire et sur le fret..... 3º Quand la créance résulte de la faute d'une personne de l'équipage.

Art. 757. — Les créances ci-après désignées confèrent les droits d'un créancier du navire.....

9º Les créances ne rentrant pas sous l'un des numéros précédents, quand elles sont nées d'actes juridiques accomplis par le capitaine, en vertu des pouvoirs que la loi lui accorde comme tel et en dehors de toute procuration spéciale (art. 452, al. 1), ou quand elles découlent soit de l'inexécution, soit de l'exécution incomplète et défectueuse d'un contrat conclu par l'armateur, en tant que l'exécution de ce contrat rentrait dans les obligations professionnelles du capitaine (art. 452, al. 2).

10º Les créances nées de la faute d'une personne de l'équipage (art. 451 et 452, al. 3), fût-elle en même temps copropriétaire ou propriétaire unique du navire.

Les victimes de l'abordage ont donc dans le droit allemand un droit de gage légal, opposable aux tiers possesseurs, sur le navire, les agrès, les apparaux et le fret brut du voyage à l'occasion duquel leur créance est née, et cette créance doit être acquittée au cinquième rang. (Voir en ce qui concerne le privilège, l'art. 772, p. 139.)

L'action peut d'ailleurs être aussi bien dirigée contre l'armateur que contre le capitaine, et la décision rendue contre ce dernier est, en ce qui concerne le droit de gage, opposable à l'armateur (art. 764).

Art. 758. — Les créanciers de navire auxquels le navire n'est pas engagé déjà par un contrat de grosse, ont un droit de gage légal sur le navire, les agrès et apparaux. Le droit de gage est opposable aux tiers possesseurs du navire.

Art. 759. — Le droit de gage légal de chacun de ces créanciers de navire s'étend en outre, sur le fret brut du voyage à l'occasion duquel sa créance est née.

Art. 760. — Est considéré comme un voyage au sens du présent titre celui pour lequel le navire est équipé à nouveau ou qui est entrepris soit en vertu d'un nouveau contrat d'affrètement, soit après déchargement total de la cargaison.

Art. 763. — Le droit de gage appartenant à un créancier de navire s'applique sans distinction au capital, aux intérêts, à la prime de grosse et aux frais.

Art. 767. — Le droit de gage des créanciers de navire sur le navire s'éteint :

1° Par la vente sur expropriation forcée du navire faite dans le pays d'origine ; le prix de vente prend alors pour les créanciers du navire, la place de ce dernier. Les créanciers du navire doivent être sommés officiellement de faire valoir leurs droits. Pour le surplus, les règles de la procédure de vente sont réservées aux législations particulières des divers États (1).

2° Par la vente faite par le capitaine en cas de nécessité extrême et en vertu de ses attributions légales (art. 499). Le prix de vente prend, pour les créanciers du navire, la place de ce dernier, aussi longtemps qu'il est dû par l'acheteur ou qu'il se trouve encore dans les mains du capitaine.

Art. 768. — Il est réservé aux législations particulières des divers États de disposer que les droits de gage s'éteignent

(1) Voyez, à cet égard, la loi prussienne du 15 mars 1869, art. 94-106, et les lois d'introduction pour le Hanovre (5 octobre 1864), art. 42 ; pour Hambourg (22 décembre 1865), art. 56 et suiv. ; pour Mecklembourg-Schwerin (28 décembre 1865), art. 56 ; pour le Schleswig-Holstein (5 juillet 1867), art. 79. (Traduction précitée.)

encore dans d'autres cas de vente, quand les créanciers du navire ont été en vain sommés officiellement de déclarer leur droit de gage, ou quand ils ne l'ont pas déclaré à l'autorité compétente dans un délai déterminé, à partir du moment où le navire s'est trouvé au port d'attache, ou dans un autre port du pays (1).

ART. 769. — L'art. 767 ne s'applique pas si le navire n'est pas vendu en entier, mais s'il a été vendu seulement une ou plusieurs parts du navire.

ART. 770. — Relativement au navire, les frais de la vente forcée (art. 757, 1º) et les frais de garde et d'entretien depuis l'entrée dans le dernier port (art. 757, 2º) priment toutes les autres créances des créanciers de navire.

Les frais de la vente forcée priment ceux de garde et d'entretien depuis l'entrée dans le dernier port.

ART. 771. — Parmi les autres créances, celles qui concernent le dernier voyage (art. 760), ou qui ont pris naissance depuis que le dernier voyage est terminé, priment les créances relatives aux voyages antérieurs.

Parmi les créances qui ne concernent pas le dernier voyage, celles qui se rapportent à un voyage postérieur priment les créances relatives à un voyage antérieur.

Toutefois les créanciers énumérés dans le 4º de l'art. 757 ont le même droit de préférence pour leurs créances concernant un voyage antérieur que pour celles qui se rapportent à un voyage postérieur, si les divers voyages sont compris dans le même contrat d'engagement de l'équipage.

Quand le voyage auquel s'applique un contrat à la grosse comprend plusieurs voyages au sens de l'art. 760, le prêteur à la grosse est primé par les créanciers du navire dont les créances se rapportent à des voyages commencés après que le premier des voyages dont il s'agit était terminé.

ART. 772. — Les créances qui se rapportent au même voyage

(1) Voyez les dispositions des lois d'introduction citées à la note précédente et en outre les suivantes: loi d'introduction pour la Prusse (21 juin 1861), art. 58; pour Lübeck (26 octobre 1863), art. 19; pour Oldenbourg (18 avril 1864), art. 35; pour Brême (6 juin 1864), art. 49. (Traduction précitée.)

ou qui sont considérées comme telles (art. 771), doivent être acquittées dans l'ordre suivant :

1° Les impôts publics frappant le navire, les droits de navigation et de port (art. 757, 3°) ;

2° Les créances de l'équipage nées des contrats d'engagement (art. 757, 4°) ;

3° Les frais de pilotage, sauvetage, assistance, rachat et réclamation (art. 757, 5°) ; les contributions du navire aux avaries grosses (art. 757, 6°); les créances nées des contrats à la grosse ou autres opérations de crédit conclues par le capitaine dans des cas d'urgence, et les créances qui sont assimilées à ces dernières (art. 757, 7°) ;

4° Les créances pour non livraison ou détérioration des marchandises et des bagages (art. 757, 8°) ;

5° Les créances énumérées sous les numéros 9 et 10 de l'art. 757.

ART. 773. — Les créances énumérées sous les numéros 1, 2, 4 et 5 de l'art. 772 sont mises sur la même ligne quand elles sont groupées sous le même numéro.

Au contraire, les créances énumérées sous le numéro 3 de l'art. 772 se priment l'une l'autre, en préférant la créance née la dernière à celles qui sont antérieures ; si elles sont nées en même temps, elles sont mises sur la même ligne.

Quand le capitaine a conclu diverses opérations à raison d'un même cas d'urgence (art. 757), les créances qui en résultent sont considérées comme nées en même temps.

Les créances nées d'opérations de crédit, notamment de contrats à la grosse que le capitaine a conclus pour acquitter des dettes antérieures rentrant sous le n° 3 de l'art. 772, ou celles nées de conventions qu'il a passées pour reculer l'échéance de pareilles dettes, pour les reconnaitre ou les renouveler, ne jouissent que du droit de préférence attaché à ces dettes antérieures, encore que l'opération de crédit ou la convention dont il s'agit fussent nécessaires pour la continuation du voyage.

ART. 774. — Le droit de gage des créanciers de navire sur le fret (art. 759) n'a d'effet qu'aussi longtemps que le fret est dû ou que le montant du fret se trouve encore entre les mains du capitaine.

Ce droit de gage est régi par les dispositions des articles précédents relatives au rang des créanciers.

En cas de cession de fret, le droit de gage des créanciers de navire peut être opposé également au cessionnaire, aussi longtemps que le fret est dû ou que le montant du fret se trouve entre les mains du capitaine.

L'armateur est, jusqu'à concurrence du fret qu'il a touché, tenu personnellement envers les créanciers de navire dont le droit de gage se trouve ainsi perdu en totalité ou en partie ; il est tenu envers chacun d'eux jusqu'à concurrence de la somme à laquelle son rang lui aurait donné droit si le fret touché avait été distribué (1).

La même obligation personnelle incombe à l'armateur pour le fret des marchandises chargées pour son compte. Cette obligation se détermine d'après le fret courant au lieu et à l'époque du chargement.

Art. 775. — Quand l'armateur a employé le fret à désintéresser un ou plusieurs créanciers qui y avaient un droit de gage, il n'est responsable envers les créanciers d'un rang préférable que s'il est prouvé qu'il les a lésés en connaissance de cause.

Art. 776. — Si l'armateur a, dans les cas prévus par les numéros 1 et 2 de l'art. 767, touché le prix de vente, il est, jusqu'à concurrence du prix touché, tenu personnellement envers l'ensemble des créanciers du navire, de la même manière qu'il l'est envers les créanciers d'un voyage, dans le cas où il a touché le fret (art. 774-775).

Art. 777. — Quand l'armateur, après avoir eu connaissance de l'existence d'un créancier de navire, envers lequel il répond sur le navire et le fret, fait partir le navire en mer pour un nouveau voyage (art. 760), sans que l'intérêt du créancier de navire l'exige, il devient en outre responsable personnellement de la créance jusqu'à concurrence de la somme qui serait reve-

(1) Il n'est pas nécessaire que les droits du créancier de navire soient nés avant la réception du fret par l'armateur.

L'art. 774 s'applique donc aussi au cas où le fret a été payé par anticipation. (*Proc. verb.*, VI, p. 2942 et suiv.)

nue au créancier si la valeur que présentait le navire au commencement du voyage avait été distribuée entre les créanciers du navire suivant leurs rangs.

Il est présumé, jusqu'à preuve du contraire, que le créancier aurait été entièrement désintéressé par cette distribution.

Le présent article ne porte pas atteinte à l'obligation personnelle qui résulte pour l'armateur du fait d'avoir touché le fret qui était engagé au créancier (art. 774.

ART. 778. — Les dommages-intérêts qui en cas de perte ou de détérioration du navire sont dus à l'armateur par celui dont la faute a causé le dommage prennent, pour les créanciers du navire, la place de la valeur que l'indemnité représente.

Si l'indemnité ou les dommages-intérêts ont été touchés par l'armateur, il est responsable envers les créanciers de navire jusqu'à concurrence des sommes qu'il a touchées, de la même manière qu'il l'est envers les créanciers d'un voyage, dans le cas où il a touché le fret.

ART. 779. — En cas de concurrence des créanciers de navire, qui exercent leur droit de gage avec d'autres créanciers gagistes ou tous créanciers quelconques, les créanciers de navire ont la préférence.

ART. 780. — Les dispositions des articles 767 et 769, sur l'extinction des droits de gage des créanciers de navire, s'appliquent également aux autres droits de gage qui, d'après les législations particulières des divers États, sont acquis sur le navire ou une part de navire par une déclaration de volonté ou en vertu de la loi, et qui sont opposables aux tiers détenteurs.

Cet objet est réglé notamment par les lois d'introduction : pour la Prusse (24 juin 1861), art. 59 ; et pour Hambourg (22 décembre 1865), art. 65-67. Pour Oldenbourg, une loi spéciale a été rendue le 3 avril 1876.

Angleterre. 236. — Le propriétaire d'un navire dans tous et chacun des cas suivants où n'entre ni sa faute personnelle, ni son consentement secret, c'est-à-dire.....

2° Quand une avarie ou une perte survient aux marchandises, biens ou autres choses qui se trouvent à bord de son navire.....

Ne sera jamais responsable — en conséquence de ces avaries ou pertes de navire ou de marchandises — d'une somme totale dépassant £. 8 par chaque tonneau de jauge; et ce y compris même les accidents, mortels ou non, arrivés aux personnes (Merchant Shipping act de 1862, sect. 54).

Le droit anglais donne aux personnes lésées par l'abordage une action *in rem*. Il en résulte que cette action peut être intentée contre le navire, bien qu'il ne fût pas sous la direction de l'armateur ou du capitaine au moment de l'abordage (Desjardins, V, p. 94).

Argentine (République). 237.— Art. 1423. —Quand un navire ou autre bâtiment de mer est abordé par l'impéritie ou la négligence de l'équipage ou par l'inobservation des règlements du port, tout le dommage causé au navire ou à sa cargaison sera réparé par le capitaine auteur de l'abordage. (Voir Espagne.)

Belgique. 238.—Art. 7.—Tout propriétaire de navire est civilement responsable des faits du capitaine et tenu des engagements contractés par ce dernier, pour ce qui est relatif au navire et à l'expédition.

Il peut, dans tous les cas, s'affranchir de ces obligations par l'abandon du navire et du fret.

Toutefois la faculté de se libérer par abandon n'est pas accordée à celui qui est en même temps capitaine et propriétaire ou copropriétaire du navire. S'il n'est que copropriétaire, le capitaine n'est responsable des engagements contractés par lui pour ce qui est relatif au navire et à l'expédition que dans la proportion de son intérêt.

Le recours du propriétaire ou des copropriétaires contre leurs assureurs ne sera pas compris dans l'abandon.

Chili. 239. —Art. 1130. — Si l'abordage a été occasionné par le dol, la négligence ou l'impéritie du capitaine ou de l'équipage d'un des navires qui se sont heurtés, l'avarie sera réparée par le coupable. (Voir Espagne.)

Costa-Rica. 240. — Art. 875 § 3. — Quand un des capitaines sera coupable de l'abordage, la réparation du dommage ainsi causé est à sa charge.

Cette disposition est inspirée par la tradition espagnole (Desjardins, V, p. 87 ; voir ci-dessous, Espagne).

Danemark. 241. — L'action en responsabilité ne peut s'exercer que sur le navire, ses apparaux et le fret, et non sur le produit de l'assurance (Trib. marit. de Copenhague, 3 septembre 1884. *Rev. intern. du dr. marit.*, III, p. 348).

Égypte. 242. — Art. 30 du Code de commerce maritime. — Tout propriétaire de navire est civilement responsable des faits du capitaine, c'est-à-dire qu'il est obligé de payer les dommages provenant des faits et gestes du capitaine et tenu des engagements contractés par ce dernier pour ce qui est relatif au navire et à l'expédition.

Il peut, dans tous les cas, s'affranchir des obligations ci-dessus par l'abandon du navire et du fret, si elles n'ont été contractées expressément par son ordre spécial. Toutefois la faculté de faire abandon n'est point accordée à celui qui est, en même temps, capitaine et propriétaire ou copropriétaire du navire.

Espagne. 243. — Art. 588. — Ni le propriétaire du navire, ni l'armateur ne répondront des obligations contractées par le capitaine, si elles excèdent les attributions et pouvoirs inhérents à sa charge ou qui lui ont été conférés par eux.

Néanmoins, si les sommes réclamées ont profité au navire, le propriétaire ou l'armateur en sera responsable. (Voir sur l'application de la loi espagnole. Haute Cour d'Angleterre du 11 mai 1881, Clunet, 1883, p. 175. Rapprocher : arrêt de la Cour d'appel de Londres, 9 février, Clunet, 1876, p. 281.)

Cet article reproduit le principe posé par l'article 935 § 7 du code abrogé, d'après lequel si l'abordage est imputable à la négligence du patron ou des marins, ce ne sont pas les armateurs, mais le patron et les marins qui en supportent toute la responsabilité. (Voir *Rev. intern. du dr. marit.*, II, p. 765.)

États-Unis. 244. — En cas de perte d'un navire abordé par un autre navire sans qu'il y ait faute personnelle de l'armateur, ce dernier a le droit de n'être tenu que jusqu'à concurrence de son intérêt dans le navire et dans le fret et ce aux termes de l'act de 1851.

Le montant de cet intérêt doit être calculé à la fin du voyage en cours duquel a eu lieu la perte ou l'avarie.

Si le navire est perdu en mer ou que le voyage soit interrompu avant l'arrivée au port de destination, la valeur doit être fixée au moment du naufrage ou de l'arrivée au port de relâche.

L'abandon du fret ne comprend que le fret acquis au moment du sinistre.

Le montant de l'assurance n'entre point dans l'abandon du navire et du fret.

L'abandon doit être validé aussi bien lorsqu'on agit *in rem* contre le navire, que lorsqu'on agit *in personam* contre le propriétaire.

Le droit de procéder à l'abandon peut être exercé même après que le délaissement a été fait aux assureurs (Cour suprême des États-Unis, 10 mai 1886, *Rev. intern. du dr. marit.*, II, p. 187).

Finlande. 245. — ART. 17 du Code du 9 juin 1873. — Les armateurs sont personnellement responsables pour toutes les obligations qui affectent le navire et qui résultent de leurs propres stipulations, de leur consentement ou de leur faute, ainsi que pour les gages et loyers du capitaine et des gens de l'équipage.

Ils peuvent s'affranchir par l'abandon du navire et du fret des obligations suivantes..... dommages-intérêts pour avaries arrivées par suite d'un abordage causé par la faute du capitaine ou de l'équipage. Si le navire est assuré, la somme que paie l'assureur n'est pas affectée aux obligations ci-dessus.

Si le navire est conduit par l'un des copropriétaires, celui-ci jouira comme les autres armateurs de tous les privilèges énoncés ci-dessus, à moins que les engagements contractés ne résultent de sa propre faute.

Grèce. 246. — On suit en Grèce le Code français de 1807.

Guatémala. 247. — L'art. 1004 reproduit les dispositions de l'art. 1130 du Code chilien.

Honduras. 248. — L'art. 1127 reproduit les dispositions de l'art. 1130 du Code chilien.

Italie. 249. — ART. 491. — Les propriétaires de navires sont responsables des faits du capitaine et des autres personnes de l'équipage, et ils sont liés par les obligations contractées par le capitaine pour ce qui concerne le navire et l'expédition. Tout propriétaire néanmoins ou copropriétaire, qui n'a pas contracté une obligation personnelle, peut dans tous les cas se libérer de la responsabilité et des obligations précitées par l'abandon du navire et du fret exigé ou à exiger, à l'exception de celles pour les loyers et émoluments des gens de l'équipage.

Lorsque le capitaine ne sera que copropriétaire, il ne sera personnellement responsable des engagements contractés par lui, pour ce qui est relatif au navire et à l'expédition, que dans la proportion de son intérêt.

Japon (projet de Code). 250. — Art. 906. — Le propriétaire répond, sur le navire et le fret, des actes du capitaine et des gens de l'équipage, dans l'exercice de leurs fonctions. Si le capitaine est en même temps propriétaire ou copropriétaire, il est indéfiniment responsable, mais, dans la dernière hypothèse, en proportion de sa part seulement, à moins qu'une responsabilité solidaire ne lui incombe à raison d'une faute.

Malte. 251. — On suit le Code français de 1807.

Mexique. 252. — Art. 707. — Cet article reproduit les dispositions du Code espagnol abrogé. (Voir Espagne.)

Norwège. 253. — Art. 65 du Code. — Les propriétaires de la marchandise avariée ou détruite ne peuvent pas demander aux armateurs une indemnité qui excède la valeur du navire. (Voir projet de Code scandinave.)

Pays-Bas. 254. — Art. 321. — Tout propriétaire ou copropriétaire d'un navire, chacun en proportion de sa part, est civilement responsable des faits et obligations du capitaine, pour ce qui est relatif au navire et à l'entreprise.

Cette responsabilité cesse par l'abandon de la part du navire et du fret gagné ou à percevoir pour l'entreprise à laquelle se rapportent les faits et obligations.

Cet abandon se fait par acte notarié.

Chaque copropriétaire est libéré de sa responsabilité par l'abandon de sa part, dans la forme sus-indiquée.

Si le propriétaire ou les copropriétaires ont fait assurer leur part dans le navire ou dans le fret, leur recours contre l'assureur n'est pas compris dans l'abandon.

Pérou. 255. — Art. 589. — L'armateur répond des fautes et obligations que le capitaine a contractées pour la réparation, la mise en état et l'approvisionnement du navire et il ne peut se dérober à cette responsabilité, à moins d'alléguer que le capitaine a outrepassé ses pouvoirs ou est allé à l'encontre des ordres et instructions qu'il avait reçus, afin que le créancier puisse prouver que le montant réclamé par lui a été prêté pour le compte du navire.

ART. 590. — Ont encore une action contre l'armateur les tiers auxquels la conduite du capitaine pour la conservation des marchandises embarquées sur le navire donne sujet à réclamation. Mais l'armateur peut se libérer de ses obligations en abandonnant le navire avec tous ses accessoires et les frets gagnés pour le dernier voyage.

ART. 591. — L'armateur n'est tenu d'aucun engagement que prend le capitaine pour ses besoins personnels en se servant du navire pour leur exécution ; ni des obligations que le capitaine a contractées en dehors des limites de ses attributions, ni des obligations contractées sans les formes prescrites par la loi comme condition essentielle de leur validité.

ART. 592. — Il répond encore moins des excès commis par le capitaine et l'équipage pendant le voyage.

Portugal. 254. — ART. 514. — Le propriétaire d'un navire est civilement responsable :

1º Des actes et négligences du capitaine et de l'équipage ;

2º Des obligations contractées par le capitaine relativement au navire et à son expédition ;

3º Des dommages causés pendant le temps et à l'occasion d'une remorque ;

4º Des fautes du pilote ou lamaneur pris à bord.

La responsabilité imposée par le nº 2 de cet article cesse par l'abandon du navire et du fret acquis ou à gagner, excepté dans le cas d'obligations contractées pour le paiement des salaires de l'équipage.

La responsabilité imposée par le nº 3 de cet article cesse quand, par la nature propre du remorquage, la direction du navire appartient exclusivement au capitaine du remorqueur, de sorte que, dans ce cas, le propriétaire est seulement responsable des fautes du capitaine et de l'équipage de son navire.

La responsabilité imposée par le nº 4 de cet article cesse quand la présence du pilote ou lamaneur est ordonnée par la loi locale.

Roumanie. 257. — L'art 501 du Code roumain du 1/13 septembre 1887, est la reproduction de l'art. 491 du Code italien.

Russie. 258. — Après avoir parlé des dommages causés par l'impéritie ou l'infidélité du capitaine (art. 648), le Code russe ajoute (art. 649) que « le montant des dommages-intérêts est évalué eu égard à la valeur du navire, les armateurs n'étant pas responsables au delà de cette valeur lors même que les dommages seraient plus élevés ».

Salvador. 259. — L'art. 1048 reproduit les dispositions de l'art. 1130 du Code chilien.

Scandinave.260 (projet de loi maritime). — Art. 9. — Le propriétaire n'est tenu qu'à raison du navire et du fret : 1º des obligations que le capitaine a contractées en cette qualité, et en vertu d'un pouvoir spécial dupropriétaire ; 2º des créances résultant de l'inexécution d'un contrat, conclu par le propriétaire lui-même ou en vertu d'un pouvoir émanant de lui, et dont l'exécution incombait au capitaine.

Toutefois, le propriétaire est personnellement tenu s'il a garanti spécialement les obligations ou l'exécution du contrat ou si l'inexécution provient de sa faute.

De même, le propriétaire est toujours personnellement tenu des créances, dues à l'équipage, résultant des contrats d'engagement et de service conclus par le capitaine.

Art. 10. — Le propriétaire est tenu, à raison du navire et du fret, de tout dommage causé par le capitaine ou quelqu'un de l'équipage, par suite de fautes ou négligences dans le service.

Il en est de même si, de la même manière, des dommages ont été causés par quelqu'un qui sans appartenir à l'équipage, exécute des travaux au service du navire.

Si, de la part du propriétaire, il y a faute, il est tenu personnellement.

Suède. 260. — Le Code suédois décide à deux reprises que les propriétaires se libèrent par l'abandon du navire et du fret des engagements du capitaine ou de toute autre personne agissant d'après leurs ordres. (Voir projet de Code scandinave.)

Turquie. 261. — L'art. 30 du Code de 1864 est identique au même article du Code égyptien.

Résolutions votées par le Congrès international de Bruxelles. 262. — Art. 1er. — Le propriétaire du navire est civilement responsable des faits du capitaine et tenu des engagements contractés par lui dans l'exercice de ses fonctions ; il est civilement responsable des faits de l'équipage et des préposés qui en font l'office dans l'exercice de leurs fonctions respectives.

Il peut dans tous les cas, même à l'égard de l'État et des administrations publiques, s'affranchir de cette responsabilité par l'abandon du navire et du fret ou de leur valeur à la fin du voyage pendant lequel l'obligation est née.

La faculté d'abandon s'applique aussi au cas où la responsabilité du propriétaire du navire est encourue à raison de l'inexécution ou de l'exécution incomplète ou défectueuse d'un contrat conclu par lui-même, pourvu que l'exécution du contrat rentre dans les fonctions du capitaine.

Sont assimilés au fret le prix du passage et les indemnités auxquelles le navire a droit, notamment pour abordage, assistance, avaries communes.

L'abandon ne comprend pas le recours du propriétaire contre l'assureur.

Si l'abandon est effectif, le propriétaire doit abandonner outre le navire une indemnité représentant la dépréciation survenue depuis la fin du voyage.

Le fret à abandonner est le fret brut du voyage en cours au moment où l'obligation est née, sous déduction des salaires et des vivres de l'équipage relatifs à ce voyage.

Art. 2. — Le propriétaire peut, aux mêmes conditions, se libérer de toute dépense d'extraction en cas de naufrage du navire dans les eaux intérieures, bassins, ports ou rades.

Art. 3. — Le propriétaire du navire a la faculté de se libérer par l'abandon, des responsabilités résultant des fautes du pilote.

La libération par l'abandon du navire et du fret s'applique aux responsabilités pouvant être encourues par un fait de remorque.

CHAPITRE XIII

Des limites conventionnelles à la responsabilité civile des armateurs.

263. — Dans ces dernières années les armateurs ont introduit dans les chartes-parties ou dans les connaissements, des clauses d'exonération des faits du capitaine et de l'équipage dont l'effet est de les affranchir de toute responsabilité vis-à-vis des chargeurs en cas d'abordage fautif.

Ces clauses sont généralement conçues dans les termes suivants :

La compagnie ne répond pas des négligences ou fautes quelconques du capitaine, du pilote, des marins ou autres personnes embarquées à bord du navire à quelque titre que ce soit.

(Voir sur cette question, l'art. de M. de Valroger, *Rev. intern. du dr. marit.*, V, p. 143.)

Lorsque l'abordage se produit entre deux navires appartenant à la même compagnie, les chargeurs de l'un se trouvent par rapport à l'autre dans la situation de tiers, et la compagnie est responsable en vertu des articles 1384 du Code civil, 216 du Code de commerce, alors même que le connaissement stipule son irresponsabilité pour baraterie du capitaine (Tunis, 6 juin 1889, *Rev. intern. du dr. marit.*, V, livr. VII-VIII).

La *negligence clause* de la *Government form of charter party* est ainsi conçue : The act of God, perils of the sea, fire, barratry of the master and crew, pirates and thieves, arrests and restraints of princes, rulers and people, *collisions*, stranding and other accident of navigation excepted, even when occasioned by negligence, default or error in judgment of the pilot, master, mariners, or other servants of the shipowners.

Sont exceptés : L'acte de Dieu, les périls de la mer, l'incendie, la baraterie ·frauduleuse (1) du capitaine et de l'équipage, les

____

(1) Sur le sens du mot *barratry* dans le droit anglais, voir juge-

faits des pirates et des voleurs, les arrêts et saisies de princes, gouvernements et peuples, *les abordages* (1), l'échouement et autres accidents de navigation, même quand ils sont causés par la négligence, le défaut ou l'erreur de jugement du pilote, du capitaine, des matelots ou autres préposés des propriétaires de navires.

La validité de semblables clauses a été reconnue : en France par de nombreux arrêts de cassation. Le plus récent est du 31 juillet 1888, *Rev. intern. du dr. marit.*, IV, p. 131. Le premier est du 14 mars 1877 (*D.* 77, 1, 449).

En Allemagne, par la jurisprudence de la Cour suprême de l'Empire allemand qui siège à Leipsick.

En Angleterre, par un arrêt de la Chambre des Lords, du 14 juillet 1887, *Rev. intern. au dr. marit.*, III, p. 326. Voir également Cour suprême de Shang-Haï, 29 janvier 1887, *ibid.*, II, p. 727.

En Belgique, par un arrêt de la Cour de cassation, du 12 novembre 1885, *Rev. intern. du dr. marit.*, I, p. 291.

En Grèce, par un arrêt de la Cour d'Athènes, du 17 juin 1887, *Rev. intern. du dr. marit.*, III, p. 493.

En Italie, par un arrêt de la Cour de cassation de Florence, du 14 juin 1886, *Rev. intern. du dr. marit.*, III, p. 731. Voir également Lucques, 16 octobre 1885, *ibid.*, III, p. 82.

La jurisprudence des États-Unis annule au contraire les clauses dont s'agit comme contraires à l'ordre public. (Voir *Rev. intern. du dr. marit.*, V, p. 150. Consulter également,

ment de Dunkerque, du 21 janvier 1889, *Rev. intern. du dr. marit.*, IV, p. 665 et p. 700.

(1) En matière de droit maritime, et surtout dans certaines parties de ce droit, notamment en matière d'assurance, le mot anglais *collision* ne s'entend que de l'abordage de deux navires et ne comprend pas la rencontre d'un navire avec une banquise, ni le heurt d'un navire contre un quai.

Cependant, même en droit maritime, le mot *collision* peut avoir une signification plus étendue, et comprendre les hypothèses ci-dessus ; il en est ainsi par exemple dans une clause du connaissement portant que les armateurs sont exonérés des *stranding and collisions and all losses and damages caused thereby*, même s'ils sont causés par négligence, faute ou erreur de jugement du capitaine, pilote, équipage, etc. (Anvers, 5 juin 1889, *J.* 1889, 1, p. 329).

Van Santvoord, *Limitation of the liability of shipowners under the law of the United-States.*)

Le Congrès international de Bruxelles a adopté sur cette question les résolutions suivantes :

Le fréteur est responsable de la perte ou des avaries du chargement, à moins qu'il ne prouve que le dommage a été causé par une force majeure, par le vice propre de la chose, ou par la faute de l'affréteur.

Il est néanmoins loisible aux parties de déroger à cette responsabilité, sauf en ce qui concerne :

a) Les actes ou négligences de nature à compromettre le parfait état de navigabilité du navire ;

b) L'arrimage, la garde, le maniement ou la délivrance de la cargaison ;

c) Les actes ou négligences du capitaine, de l'équipage ou des préposés du fréteur ayant le caractère de la faute lourde.

Il est interdit au fréteur et au capitaine de s'exonérer des conséquences de leur faute personnelle.

CHAPITRE XIV

Responsabilité des assureurs.

264. — Les conséquences de l'abordage fortuit rentrent dans les fortunes de mer à la charge des assureurs (art. 350, Co).

Cet événement étant un cas de force majeure est supporté par eux sans recours contre personne.

Quand il y a faute du capitaine de l'assuré, l'assureur est généralement tenu de payer, car les propriétaires de navires, d'après les polices en usage, assurent la baraterie de patron (art. 353).

Il est évident que l'assurance de la baraterie de patron ne couvrirait pas la part du navire dont le capitaine serait copropriétaire (Sibille, n° 420 ; Fresquet, p. 47).

Si la perte du navire assuré provient du fait d'un tiers, les assureurs ont une action directe et personnelle contre l'auteur du sinistre en réparation du préjudice qui résulte pour eux de l'abordage (Valin, art. 51, tit. VI, liv. III; Émerigon, ch. XVII, S. 6, § 1).

En cas de faute commune les assureurs ont une action solidaire contre les deux capitaines comme co-auteurs d'un quasi-délit.

En cas d'abordage douteux ils ont seulement le droit de réclamer la réparation de la moitié du préjudice qu'ils ont souffert.

Dans toutes les hypothèses que nous venons d'examiner, les droits des assureurs ne prennent naissance qu'après paiement par eux des sommes qu'ils ont été obligés de payer à la suite du délaissement qui leur a été fait, ou de l'action d'avarie que l'on a dirigée à leur encontre.

L'assureur sur corps ou sur facultés est-il en droit de prétendre que le paiement de l'indemnité convenue doit être subordonné à un recours utile contre l'auteur du sinistre ?

La question semble avoir été résolue dans le sens de la négative par un arrêt de la Chambre de cassation (Civ. rej., 2 mars 1886, *Rev. intern. du dr. marit.*, I, p. 581).

Le pourvoi reposait sur une prétendue violation des articles 2011 et 2037 du Code civil et tendait à faire considérer l'assureur qui a garanti la baraterie du capitaine comme une caution de ce dernier.

En répondant que l'assureur n'était pas une caution et que son engagement naissait d'un contrat principal et distinct intervenu entre l'assuré et lui, la Cour nous semble avoir fait la seule réponse que comportait la question telle qu'elle lui était présentée.

Mais ce contrat distinct et principal, le contrat d'assurance lui-même, n'impose-t-il pas à l'assuré, comme une de ses premières obligations, celle de transmettre à ses assureurs une action utile, c'est-à-dire une action à l'abri de toute déchéance résultant de fin de non-recevoir ou de prescription? C'est là à notre avis, le véritable terrain juridique sur lequel la question doit être placée.

Quand, par suite d'un sinistre, le contrat d'assurance sort son effet; ou il y a délaissement, ou il y a règlement d'avaries. En cas de délaissement la propriété de la chose délaissée doit être transmise aux assureurs, et dans cette cession nécessaire pour avoir droit à l'indemnité, ne doit-on pas comprendre le seul objet qui le plus souvent ait de la valeur, l'action contre l'auteur du sinistre? Et en cas d'avarie pourrait-il en être autrement?

M. Fl. Cruymans, courtier d'assurances maritimes à Anvers, nous semble avoir posé les véritables principes sur la matière (1).

« Ce n'est, dit-il, ni dans les dispositions relatives au cau-
« tionnement, ni dans celles de la subrogation légale que,
« dans cette matière, se trouve l'obligation de l'assuré. Elle
« a pour fondement l'art. 1382 du Code civil qui porte que tout
« fait de l'homme qui cause à autrui un dommage oblige celui
« par la faute duquel il est arrivé à le réparer. Cette disposi-
« tion, appliquée au contrat d'assurance maritime, implique la
« subrogation à laquelle l'assureur a droit, et qui est la subro-
« gation conventionnelle faite expressément et en même
« temps que le paiement.

« L'assureur doit bien payer à l'assuré le dommage causé par
« la baraterie, risque garanti, mais de ce chef l'assuré a une
« action contre le capitaine et il est obligé de subroger utile-
« ment l'assureur à ses droits; s'il néglige de remplir une
« formalité à l'inaccomplissement de laquelle la loi attache
« l'exception de fin de non-recevoir, il fait éprouver à l'assu-
« reur une perte véritable. Celui-ci est privé du droit de de-
« mander la restitution de l'indemnité qu'il a payée à l'auteur
« du dommage, à celui qui doit le réparer et dont la libération
« a été amenée par la négligence de l'assuré.

« Et ici, ajoute l'auteur, nous croyons devoir relever une
« opinion erronée sur le risque de baraterie accepté par l'as-
« sureur. Aucuns supposent que la baraterie étant couverte
« par l'assureur, cette garantie doit profiter au capitaine qui
« en est le sujet; tel n'est pas le cas. Un jugement de Marseille
« (Weil, *Des assurances maritimes,* n° 343) dit à cet égard

(1) Recueil d'Anvers, 1886, 2, p. 72.

« avec raison, que ce n'est pas la faute commise par le capitaine
« que couvre l'assurance, que la faute commise n'entraine pas
« moins pour le capitaine l'obligation de la réparer, envers
« ceux qui, assurés ou autres, en subissent les effets.

« Indépendamment de l'art. 1382, l'obligation de subrogation
« pour l'assuré découle du principe dominant dans les assu-
« rances, que l'assuré doit faire tout ce qui lui est possible
« pour diminuer la perte à charge de l'assureur, surtout quand
« pour le faire il n'a aucun sacrifice à s'imposer.

« Aux raisons qui viennent d'être exposées, il faut ajouter
« une dernière qui démontre l'évidente utilité de la subrogation.
« Refuser à l'assureur le droit de la subrogation, ce serait don-
« ner une prime à la fraude ou bien décréter l'impunité du vrai
« coupable. En effet, ce refus permettrait à l'assuré de se
« faire indemniser deux fois pour une même perte; d'abord
« par l'assureur, ensuite par celui qui a commis la faute ; ou,
« au moins faciliterait les conventions illicites que pourrait
« contracter l'assuré contre l'auteur de la fraude, en préférant,
« au recours qu'il a contre celui-ci, l'action contre les assu-
« reurs. »

Voir sur cette question la note de M. Lyon-Caen sous l'arrêt de cassation précité, S. 1887, 1, 17, et le texte de l'art. 381
du Code de commerce français : « En cas de naufrage ou d'é-
chouement avec bris, l'assuré doit, sans préjudice du délaissement à faire en temps et lieu, travailler au recouvrement des
effets naufragés. — Sur son affirmation, les frais de recouvrement lui sont alloués, jusqu'à concurrence de la valeur des
effets recouvrés ».

265. — Les législations étrangères sur ce point sont ainsi
conçues :

Allemagne. — ART. 823. — L'assuré est tenu, quand un accident se produit, de faire tout son possible tant pour sauver les
objets assurés que pour éviter de plus grands dommages.

Il doit pourtant, s'il est possible, consulter d'avance l'assureur sur les mesures à prendre.

ART. 826. — L'obligation de l'assureur de réparer un dommage prend naissance quand même l'assuré a le droit de s'en
faire indemniser par le capitaine ou par une autre personne.

L'assuré peut s'adresser d'abord à l'assureur pour obtenir l'indemnité. Il doit cependant prêter à l'assureur l'assistance nécessaire pour l'exercice de son recours, ou prendre, aux frais de l'assureur, les mesures nécessaires à la garantie de ce recours, par la rétention du fret, la saisie du navire, ou de toute autre manière appropriée aux circonstances.

Belgique. — ART. 183. — Les dommages causés par le fait et faute des propriétaires, affréteurs ou chargeurs ne sont point à la charge des assureurs (voir également l'art. 17 de la loi du 11 juin 1874 sur les assurances en général).

Espagne. — ART. 791. — En cas de naufrage ou de prise, l'assuré aura l'obligation de faire toutes les diligences que comportent les circonstances pour sauver ou recouvrer les objets perdus, sans préjudice au délaissement qu'il pourra faire en son temps.

Italie. — Dans quelque cas de sinistre que ce soit, le capitaine et l'assuré ou son fondé de pouvoirs, doivent travailler au recouvrement et à la conservation des marchandises assurées, sans préjudice de leurs droits envers les assureurs. Les frais doivent être remboursés jusqu'à concurrence de la valeur des marchandises recouvrées.

CHAPITRE XV

Des mesures conservatoires après un abordage.

France. 266. — Les tribunaux français peuvent autoriser la saisie conservatoire du navire (art. 417 P. C.) ou l'opposition à la sortie du navire prétendu abordeur. La requête doit être adressée au président du tribunal de commerce du lieu où se trouve le navire que l'on prétend être en faute.

Peut-on saisir un navire en cours de voyage ?

D'après M. Desjardins (T. I, n° 225, T. V, p. 126), il n'est pas possible de pratiquer en semblables circonstances une saisie même conservatoire à laquelle s'oppose le texte de l'art. 215 du Code de commerce.

M. de Valroger (T. I, n° 213) est d'un avis contraire, et considère que l'on doit entendre les mots « prêt à faire voiles » dont se sert l'article 215 dans un sens très restrictif, et qu'un navire en cours de voyage peut par conséquent être saisi.

La jurisprudence est, croyons-nous, fixée en faveur de cette dernière opinion (Douai, 11 juin 1873, *D.* 75, 1, 403 ; Aix, 13 février 1882, *Bull. d'Aix*, 1882, p. 379 ; Havre, 7 mai 1884, cité par Desjardins, V, p. 127).

Les armateurs du navire abordeur qui ont obtenu mainlevée de l'opposition à la sortie du port moyennant caution ne peuvent obtenir le retrait de cette caution, alors que l'abordé a formé contre eux devant le tribunal étranger compétent une demande en dommages-intérêts. Le tribunal français ne pourrait pas davantage fixer un délai dans lequel le juge étranger aurait à statuer (Aix, 13 février 1882, Clunet, 1883, p. 379).

Cette dernière proposition nous parait cependant trop absolue.

Il ne faut pas perdre de vue qu'en semblables circonstances l'opposition, la saisie auxquelles on substitue ensuite un cautionnement sont accordées le plus souvent sans débat contradictoire, sur la simple requête du demandeur qui, au moment où il demande à saisir, n'a pas de titre, et ne formule qu'une prétention.

S'il serait contraire à l'équité de laisser fuir en toute liberté un navire qui est peut-être le gage unique d'une créance à coup sûr respectable, il ne serait pas moins injuste de paralyser indéfiniment, à la suite d'une mesure conservatoire des sommes souvent considérables que ne doit peut-être pas la personne prétendue responsable du sinistre.

C'est donc au demandeur à presser l'audience, devant le juge compétent au fond et s'il ne le fait pas, l'autorité qui a ordonné la mesure conservatoire en faveur du demandeur doit pouvoir la rétracter.

Pour donner un gage à une condamnation éventuelle, il ne nous semble pas juste qu'une mesure conservatoire, par cela même provisoire, devienne en fait définitive par suite de lenteurs que mettrait le demandeur à faire consacrer au fond sa prétention par le magistrat compétent. Ajoutons en terminant que le créancier téméraire qui saisirait à tort un navire s'exposerait à des dommages-intérêts (Cass., 16 mai 1888, *Rev. intern. du dr. marit.*, IV, p. 8), et que la caution donnée par le capitaine pour dégager son navire frappé de saisie avant le procès, ne le rend pas irrecevable à contester sa responsabilité (Havre, 22 fév. 1881, *II*. 81, 1, 69).

Angleterre. 267. — Si à un moment quelconque un navire étranger ayant abordé un navire anglais, sur un point quelconque du globe, est rencontré dans un port ou dans une rivière ou dans les eaux territoriales (en deçà de trois milles) du Royaume-Uni, le juge de la Cour d'amirauté, celui des Cours de *record*, dans le Royaume-Uni, celui des Cours d'assises en Écosse ou le shérif du comté, sur la requête de toute personne établissant que le dommage a été probablement causé par la négligence ou par l'impéritie du capitaine ou de l'équipage de ce navire, peut enjoindre à un officier des douanes ou à tout autre officier qu'il aura commis d'arrêter et de détenir le navire abordeur jusqu'à ce que le dommage ait été réparé ou, du moins, qu'une caution valable ait été fournie (*Merchant Shipping act* de 1854, art. 527). Si le temps manque aux intéressés pour recourir à l'une des juridictions ci-dessus indiquées, tout officier attaché à l'armée de terre ou de mer ou au service des douanes, ou même tout agent consulaire anglais, peut arrêter et détenir ledit navire jusqu'à ce qu'un recours légal ait été formé sans encourir lui-même une responsabilité (art. 528). (Desjardins V, p. 125. Voir également C. supr. de judicature, 17 janvier 1889, *Rev. intern. du dr. marit.*, V. p. 80.)

Belgique. 268. — On suit des principes analogues à ceux posés par la jurisprudence française (Anvers, 1er août 1885, *Rev. intern. du dr. marit.*, I, p. 396).

Espagne. 269. — Il ne semble pas possible en Espagne d'obtenir une mesure conservatoire après un abordage. (Voir notre article à ce sujet, *Rev. intern. du dr. marit.*, II, p. 225.)

Etats-Unis. 270. — Il résulte d'un arrêt de la Cour de cassation de France, du 16 mai 1888 (*Rev. intern. du dr. marit.*, IV, p. 8) que l'on suit aux États-Unis une procédure analogue à celle pratiquée en France.

Italie. 271. — La jurisprudence italienne semble ne pas autoriser la saisie d'un navire en cours de voyage. (Voir arrêt de la Cour de Catane, du 7 juillet 1884, *Rev. intern. du dr. marit.*, I,

p. 61. Voir également Cod. com., art. 880, 881 ; Proc. civ., art. 921, 924, *Rev. intern. du dr. marit.*, II, p. 127 et 253.)

Portugal. 271 *bis*. — Le navire prêt à faire voile pour un voyage ne peut être arrêté ou saisi, si ce n'est pour dettes contractées pour les besoins de ce même voyage, ou pour garantie de sa responsabilité dans un abordage.

CHAPITRE XVI

Des moyens de preuve en matière d'abordage et des éléments d'appréciation des tribunaux.

France. 272. — Lorsqu'il y a doute dans les causes de l'abordage ou que le sinistre est imputable à l'un des capitaines, l'estimation du dommage, dit l'article 407, est faite par experts.

Les experts sont nommés en vertu de l'article 429 du Code de procédure civile, c'est-à-dire d'office par le tribunal de commerce, sauf aux parties à convenir de leur choix à l'audience (Civ. Rej. 20 nov. 1854 et 11 août 1858, *D*. 54, 1, 234; 58, 1, 366 ; Desjardins, V, p. 128).

En vertu du même article le tribunal peut ne nommer qu'un seul expert.

La nomination d'un expert devrait être provoquée sur citation après débat contradictoire et non sur simple requête.

(Marseille, 26 juin 1876, 12 déc. 1879, *M*. 1876, 1, 206, 1879, 1, 298; Paris, 17 déc. 1877, *M*. 78, 2, 81; Civ. rej. 3 mars 1863, *D*. 63, 1, 123 ; Desjardins, V, p. 129.)

Les tribunaux ne sauraient donner à un expert nommé à la suite d'un abordage le pouvoir d'en indiquer les causes en recueillant tous les renseignements qu'il jugerait utiles. Un pareil pouvoir, équivalent à celui de faire une enquête, ne peut être exercé que par le tribunal lui-même (Marseille, 13 déc. 1883, *M*. 1884, 1, 64).

Mais les experts peuvent toujours soit d'office, soit, à plus forte raison, lorsqu'ils ont été autorisés par la justice, recueillir et consigner dans le rapport les renseignements qui leur paraissent

utiles à la manifestation de la vérité, surtout quand ces renseignements sont pris auprès de personnes capables de leur
donner d'utiles informations (Req. 31 juillet 1872, D. 72, 1,
490; Req. 17 nov. 1858, S. 59, 1, 732; Req. 19 nov. 1856, D. 57,
1, 61 ; Desjardins, V, p. 130).

Lorsqu'on a recours à une enquête, elle a lieu en la forme des
enquêtes sommaires conformément aux dispositions de l'article 432 du Code de procédure civile.

Le juge n'est pas tenu de recourir à une expertise (Req.
9 avril 1862, D. 62, 1, 468; Desjardins, V, p. 128). Il peut former sa
conviction par tous les éléments de preuve, même par de simples présomptions (art. 109 C. com.). Il pourrait donc ordonner
que l'estimation du dommage sera faite par experts ou son montant établi par état (Civ. rej. 23 avril 1873, D. 73, 1, 343) ou prendre
en considération soit les rapports des capitaines, soit même les
interrogatoires reçus par un commissaire de la marine à l'occasion d'un abordage (Poitiers, 14 janvier 1863, D. 63, 2, 66).

Pour apprécier les causes d'un abordage, il faut avant tout
puiser dans les rapports de mer les données de la solution à
intervenir. Un rapport d'experts ne peut avoir de gravité contre un capitaine que si la foi due au rapport de ce capitaine est
détruite soit par des mentions y contenues démontrées erro-
nées, soit par le rapport de mer adverse, soit par l'enquête, ou
tout autre document probant, reconnu exact et fondé. Mais on
ne peut s'appuyer sur de simples suppositions ou présomptions
pour infirmer les énonciations d'un rapport de mer.

Notamment le calcul approximatif du temps qu'un navire a
dû mettre pour parcourir une certaine distance, pas plus que
l'état d'avaries constatées dans la coque de ce navire ne peuvent suffire pour permettre de reprocher à son capitaine d'avoir
marché au moment de l'abordage avec une vitesse supérieure
à celle qui est indiquée dans son rapport de mer (Aix, 20 juin
1888, Rev. intern. du dr. marit., IV, p. 142).

Le capitaine qui n'a mentionné ni dans son journal de bord,
ni dans son rapport de mer, qu'il eût ses feux réglementaires
allumés au moment d'un abordage, doit être présumé en faute
à cet égard. Et il en est ainsi même au cas où, dans un interrogatoire après le rapport de mer, il aurait répondu affirmative-

ment sur ce fait au magistrat qui le lui demandait, cette affirmation non spontanée ne pouvant l'emporter sur son silence précédent. Il doit donc, en l'absence de toute autre circonstance, être déclaré responsable de l'abordage, si le rapport de l'autre capitaine mentionne la présence des feux à son bord (Marseille, 20 avril 1887, *M.* 87, 1, 186).

Les tribunaux restent libres de ne pas admettre les conclusions d'un rapport d'experts, lorsque les bases de ces conclusions ne leur paraissent pas incontestables (Aix, 20 juin 1888, *Rev. intern. du dr. marit.*, IV, p. 142).

Il appartient à la Cour de cassation de rechercher si les faits constatés par les juges du fond et relevés par eux comme constitutifs d'une faute, présentent effectivement le caractère juridique de la faute qu'ils ont reconnue (Cass., 19 mars 1887, *Rev. intern. du dr. marit.*, III, p. 663).

Belgique. 273. — En matière d'abordage la preuve des faits qui ont causé la collision, et la preuve du quantum du dommage souffert peuvent se faire par toutes les voies légales ; aucun texte de loi n'exige nécessairement une expertise (Anvers, 13 avril 1886, *Rev. intern. du dr. marit.*, IV, p. 189).

Il n'y a pas lieu d'ordonner une expertise quand plusieurs mois se sont passés depuis la collision, et que le navire abordeur a fait depuis lors plusieurs voyages (Anvers, 1er août 1885, *A.* 85, 1, 404).

CHAPITRE XVII

De la compétence territoriale à raison de l'abordage.

274. — Il faut distinguer les diverses hypothèses qui peuvent se produire.

Si l'abordage se produit dans les eaux territoriales d'un État, les tribunaux de ce pays sont compétents pour connaître de l'action en responsabilité, quelle que soit la nationalité des navires.

Cette solution découle du principe que les obligations résul tant de délits ou de quasi-délits doivent être régies par la loi du lieu où ces derniers se sont produits (Foelix et Demangeat, II, n° 453 ; Ortolan, *Diplomatie de la mer*, I, n° 151 ; Sibille, n° 352 ; avis du Conseil d'État, 28 octobre 1806, Dalloz, v° *Comp. crim.*; Desjardins, V, n° 1181 ; *Pand. fr.*, v° *Abordage*, n° 186 ; Sirey, *Rép.*, eod. v°, n°° 343, 344 ; Vincent et Pénaud, eod. v°, n° 115 ; Marseille, 27 janvier 1868, *M.* 68, 1, 91).

Les auteurs étrangers et la jurisprudence des différents pays admettent le même principe (Rocco, *Dell'uso e autorità delle leggi*, vol. I, liv. II, chap. XXXIII et XXXVI ; Bar, *Das int. Privat und strafrecht*, § 88 ; Laurent, *Droit civ. intern.*, VIII, II° part., liv. V, ch. I, art. 9, 11 et s. ; Brocher, *Cours de droit intern. privé*, vol. II, liv. III, ch. IV, § 182 ; Westlake, *A treatise on priv. int. Law*, §§ 186, 196, 220 ; Wharton, *Comm. on Law*, p. 474. 481 ; Lomonaco, *Trat. di dir. civ. int.*, cap. VI, § 7 ; Asser et Rivier, *Éléments de dr. intern. privé*, ch. I, sect. III, §§ 12-40 ; Buzzati, *Urto di navi in mare*, p. 46 ; Marsden, *A Treatise on the Law of Collisions*, p. 214 et sv. ; Cour de l'Amirauté, 18 avril 1884, Clunet, 1885, p. 97, 15 février 1887, Clunet, 1888. p. 114, et *Rev. intern. du dr. marit.*, II, p. 190, Alexander, Clunet, 1879, p. 520 ; Anvers, 28 mai 1883, *A.* 1, 35 et 5 juin 1881, *A.* 1881, 1, 349 ; Ismaïlia, 5 mars 1877, Clunet, 1878, p. 168).

La mer territoriale ou le territoire maritime (*Küstenmeer* ou *Territorialmeer* en allemand, *Territorial waters* en anglais), est la partie de la mer qui s'étend depuis le rivage jusqu'à une certaine distance. Elle est regardée comme domaine national de l'État dont elle baigne les côtes, et, en vertu d'une fiction, on la considère comme la continuation du territoire continen · tal. La mer territoriale, d'après M. Perels, commence à la ligne tirée des points du rivage où l'on peut élever des batteries qui ne soient pas menacées à marée haute (*Manuel de droit marit. intern.*, traduit par M. Arendt, p. 27).

En Angleterre, le *British waters juridiction act* de 1870 fixe une lieue à partir de la laisse la plus éloignée de la basse mer (One marine league of the coast measured from the low-water mark).

Les bornes de la mer territoriale du côté de la haute mer sont marquées par la ligne extrême jusqu'où pourrait s'étendre la protection exercée du rivage sur les eaux (Perels, *ibid.*, p. 29, de Martens, *Précis*, I, p. 144; Schiatarella, *Del territorio*, p. 8; Imbart-Latour, *La mer territoriale*, p. 7).

La limite basée sur la portée du canon n'est pas fixée définitivement, mais elle dépend de la plus forte portée de canon selon les progrès communs de l'art à chaque époque (Ortolan, I, p. 158).

Les canons des batteries de côte portent aujourd'hui à une distance d'environ huit milles nautiques (Perels, p. 34).

Quelle que soit leur configuration et leur étendue, on considère comme eaux appropriées des États auxquels ils appartiennent, les ports, rades, baies et embouchures de fleuves.

Quant aux golfes, détroits ou mers intérieures, l'étude du caractère qu'ils présentent à notre point de vue dépasse les limites de notre étude et nous ne pouvons que renvoyer aux traités spéciaux précités (1).

Les deux capitaines doivent s'adresser au juge français; s'ils soumettaient leur différend à leur consul en France, les tribunaux français devraient refuser l'exequatur à la sentence (Sibille, n° 366; *Instr. minis.*, 29 nov. 1833; Dalloz, v° *Consul*, n° 288; Vincent et Pénaud, v° *Abordage*, n° 118).

275. — Si l'abordage a eu lieu en dehors des eaux territoriales il faut encore distinguer.

Si l'abordage a eu lieu entre deux Français ou entre un Français et un étranger, les tribunaux français sont encore compétents par application des art. 14 et 15 du Code civil (de Valroger, V, n° 2124; Desjardins, V, n° 1121).

Les auteurs étrangers posent des principes analogues quand les deux navires sont de la même nationalité. (Grasso, *L'urto di navi*, vol. XXXIX, p. 222; Gianzana, *Risposta*, p. 19 et 20; Benfante, *L'urto di navi*, part. III, cap. V, sez. I, 250; Buzzatti, *L'urto di navi in mare*, p. 49).

(1) Voir notamment l'article de M. Pappafava, avocat à Zara, Clunet 1887, p. 441; consulter pour l'étendue de la mer territoriale en Angleterre, *ibid.*, 1877, p. 101 et 1879, p. 235; Chili, *ibid.*, 1875, p. 88; Portugal, *ibid.*, 1881, p. 177; voir la définition de la convention franco-hollandaise du 6 mai 1882, *ibid.*, 1883, p. 101; l'article sur les eaux territoriales ou de la zone maritime, *ibid.*, 1886, p. 72.

Et pour déterminer cette compétence il faut s'attacher à la nationalité des parties en cause et non à celle des navires.

Les tribunaux français sont par suite compétents pour connaître de l'action dirigée par les assureurs français de la cargaison d'un navire étranger prétendu abordé contre le propriétaire d'un navire étranger auxquels ils imputent la responsabilité de l'abordage survenu dans des eaux étrangères (Paris, 1er août 1888, *Gaz. Pal.*, 23 oct. 1888; Cass., 12 août 1872, Clunet, 1874, p. 24).

Sic, Belgique : Ostende, 20 nov. 1883, *Rev. intern. du dr. maritim.*, I, p. 50; Anvers, 27 fév. 1883, *A.* 1883, 1, 144.

276. — Quand l'abordage a eu lieu en pleine mer, entre étrangers, les tribunaux français sont en principe incompétents (Marseille, 15 juillet 1870, 13 nov. 1870, *M.* 70, 1, 242, 71, 1, 19).

Mais cette incompétence n'est pas d'ordre public et les parties peuvent y déroger (Cass., 5 mars 1879, *S.* 79, 1, 208, *D.* 80, 1, 9).

277. — Les règles de compétence spéciale édictées par l'art. 420 du Code de proc. civ. étant applicables en matière commerciale, même entre étrangers, le tribunal du port où se font les réparations serait donc compétent comme lieu du paiement (Marseille, 15 juillet 1870, 18 nov. 1870, *M.* 70, 1, 242; 71, 1, 19 : Ruben de Couder, n° 56; Vincent et Pénaud, v° *Abordage*, n° 121).

Angleterre. 278. — En cas d'abordage dans les eaux anglaises entre un navire hollandais et un navire appartenant au gouvernement égyptien, la Haute Cour d'Amirauté s'est déclarée compétente pour connaître de l'action d'avaries, bien que dirigée contre un souverain étranger, ce dernier ayant fait acte de commerce (Haute Cour d'Amirauté, 7 mai 1873, Clunet, 1874, p. 36).

Les cours criminelles anglaises ne sont pas compétentes pour connaître des crimes ou délits commis par des étrangers, dans la haute mer, quoique le bâtiment se trouvât au moment du fait délictueux à moins d'une lieue marine de la côte (Court for the consideration of crown cases reserved; Clunet, 1877, p. 161).

Belgique. 279. — Entre deux étrangers les tribunaux belges sont incompétents (Bruxelles, 14 nov. 1871, Clunet, 1874, p. 38 et la note, trib. corr. Anvers, 1er août 1885, *Rev. intern. du dr. marit.*, I, p. 396).

États-Unis. 280. — Les Cours d'amirauté des États-Unis sont compétentes pour statuer sur les abordages se produisant dans la haute mer entre navires appartenant à des étrangers de nationalité différente (Cour de circuit de Pensylvanie, 22 octobre 1881, Clunet, 1883, p. 502; Cour suprême des États-Unis, 10 mai 1886, *Rev. intern. du dr. marit.*, II, p. 458; Morton, P. Henry, p. 258).

CHAPITRE XVIII

De la juridiction compétente.

France. 281. — S'il s'agit de l'action publique, selon la nature de l'infraction, la Cour d'assises, le tribunal maritime commercial, le tribunal correctionnel, le tribunal de simple police, le conseil de préfecture sont compétents. S'il s'agit de l'action disciplinaire, la commission des naufrages. (Voir p. 106.)

282. — Quand il s'agit de l'action en dommages-intérêts: lorsque l'abordage a eu lieu entre navires de commerce la compétence appartient au tribunal de commerce (Cass., 11 juillet 1877, D. 78, 1, 122 ; Sirey, *Rép* , vᵒ *Abordage*, nᵒ 200 et s.; Desjardins, V, nᵒ 1116).

283. — Si l'abordage a été causé par un bâtiment de l'État français, si le navire de l'État est défendeur, la compétence appartient à l'autorité administrative (Cons. d'État, 11 mai 1870, D. 71, 3, 62, 15 février 1872, 15 avril 1870, D. 73, 3, 57).

284. — Si l'abordeur est un navire de guerre étranger, le droit d'assigner l'État étranger ou le commandant du navire auquel on imputerait une faute personnelle, soulève les questions de l'indépendance des États et de la fiction d'exterritorialité (Voir Vincent et Pénaud, vᵒ *Navire*, nᵒ 39 et s.; Clunet, 1888, p. 226).

285. — Si la réparation est poursuivie par un demandeur non commerçant qui n'a pas fait partie de l'expédition maritime et si ce dernier réclame, non du chef de son auteur qui a péri par suite de l'abordage, mais *uniquement* à raison du préjudice personnel qu'il éprouve, la juridiction civile est compétente

(Caen, 2 fév. 1874 ; Aix, 10 mars 1874, *D*. 77, 2, 44 ; Rouen, 7 août 1877, *D*. 78, 2, 151 ; Desjardins, V, p. 98).

286. — En vertu du droit d'option ouvert à tout demandeur non commerçant, l'État, si l'un de ses vaisseaux a été abordé par un navire de commerce, peut saisir indistinctement la juridiction civile ou la juridiction commerciale. Ce serait là l'application d'un principe général posé par un arrêt de Cassation du 11 juillet 1877, *D*. 77, 1, 122.

287. — La Cour d'Aix a même décidé que le tribunal de commerce était seul compétent pour conaaitre de l'action de la veuve d'un matelot noyé dans un abordage, l'action ayant pour base la faute reprochée au capitaine dans l'accomplissement de ses devoirs professionnels. La Cour a réformé sur ce point le jugement du tribunal civil de Nice qui avait affirmé sa compétence sur ce fait que l'action de la veuve lui était personnelle (Aix, 15 mars 1888, *Rev. intern. du dr. marit.*, V, p. 30 ; *Contrà :* Caen, 2 fév. 1874, *D*. 77, 2, 45). .

Angleterre. 288. — En vertu des actes de 1861 et de 1875, la division de l'amirauté de la Haute Cour de justice est compétente pour juger toute action à raison d'un abordage introduite contre un navire trouvé dans un port anglais (*The Ida*, Lushington Admiralty Report. 1860, p. 6 ; *The Courier, ibid.*, p. 541 ; *The mali Tvo*, L. Rep adm., II, p. 356).

On peut suivre non seulement la procédure *in rem*, mais encore suivant les cas la procédure *in personam*.

La procédure est dite *in rem* quand la citation (*writ*) n'est pas adressée à un individu, mais au navire lui-même, traité comme une personne responsable vivante. Que les intéressés comparaissent ou non, la procédure suit son cours, et si le navire est condamné, le jugement s'exécute par une vente judiciaire.

Cette procédure est suivie, que les parties soient étrangères ou non, même si la cause de l'action s'est produite à l'étranger.

Quand la collision a eu lieu dans les eaux territoriales anglaises, dans une rivière ou dans un port anglais, la procédure *in personam* peut être poursuivie contre les personnes résidant à l'étranger qui sont tenues de comparaitre.

Quand l'abordage a eu lieu en pleine mer et que le navire

abordeur ne se trouve pas dans les eaux anglaises, les tribunaux anglais sont incompétents (*Smith*, L. Rep. (Probate Div.), I, p. 300, 1876; *Harris c. the Franconia* (Com. pl. Div.), II, p. 173, 1877). Ils ne le deviendraient que si la citation (*writ*) était remise au défendeur étranger sur le territoire anglais.

Dans une action *in rem*, quand le navire est saisi en Angleterre, la division d'amirauté est compétente pour accueillir les demandes formées par le propriétaire du navire, le propriétaire de la cargaison, le capitaine, l'équipage et les passagers.

Quant à la demande formée par les parents de la personne qui a été tuée dans un abordage ou à la suite, un arrêt de la Chambre des Lords (*Seward c. the Vera Cruz*, L. Rep. (App. cases), X, p. 59, 1884, Clunet, 1885, p. 97), a décidé que l'action *in rem* ne pouvait être introduite pour une semblable demande.

La Haute Cour irlandaise suit la même procédure que la Cour anglaise correspondante.

La procédure écossaise est différente, mais selon toutes probabilités, la Cour de session écossaise pourrait affirmer une semblable compétence à l'égard des vaisseaux ou personnes trouvés en Écosse (1).

Belgique. 289. — La jurisprudence belge suit des principes analogues à la jurisprudence française. Voir *Pandectes belges*, v° *Abordage*, n° 384 à 422.

Italie. 290. — ART. 878. — Les actions résultant de l'abordage des navires peuvent être portées devant l'autorité judiciaire, soit du lieu de l'événement ou de la première relâche, soit du lieu de destination, sauf la disposition de l'article 14 a du Code de la marine marchande.

Code de la marine marchande, art. 14 a. — Les capitaines de port, dans le ressort du chef-lieu du département, et les officiers de port dans leur ressort respectif, sont arbitres des différends qui n'excèdent pas la valeur de 200 fr., pour les dommages causés par l'abordage des navires, soit en mouillant, soit en jetant l'ancre, soit en exécutant une manœuvre quelconque dans l'intérieur des ports, des bassins et des canaux.

____

(1) Ces renseignements sont puisés dans un article de Sir Walter Phillimore, paru dans le *Journal du droit international privé*, 1886, p. 129

Les règles établies par l'article 873 précité pour les actions dérivant de l'abordage sont simplement facultatives et ne sont point exclusives de la compétence du juge du lieu du domicile du défendeur (Com. Gênes, 11 fév. 1886, *Rev. intern. du dr. marit.*, II, p. 217; Com. Gênes, 11 février 1886, *Eco giurisp. comm.*, 1886, 2, 47).

Quand le navire a péri, l'action peut être intentée devant le tribunal du lieu où débarque l'équipage (Cass., Florence, 21 nov. 1870 et 22 avril 1882; *Ann.*, IV, 1, 356; XVI, 1, 59; voir également l'article de M. de Rossi, Clunet, 1885, p. 416).

CHAPITRE XIX

Du tribunal compétent.

France. 291. — D'une façon générale on peut citer le défendeur devant le tribunal de son domicile (art. 59, P. C., Cass., 9 mars 1863, *D.* 63, 1, 176; Desjardins, V, n° 1117).

Certains arrêts décident même que c'est le seul compétent (Cour de la Guadeloupe, 3 août 1885, *Rev. intern. du droit marit.*, I, p. 367, et note; Lyon-Caen et Renault, II, n° 2025; Levillain, *D.* 81, 2, 121).

On peut citer également toutes les fois que l'on se trouve en mesure d'appliquer l'art. 420 P. civ. (Desjardins, V, n° 1117, Sirey, *Rép.*, v° *Abordage*, n° 224 et suiv.; Saint-Nazaire, 17 mars 1887, *H.* 1888, 2, 204).

On considère aussi comme régulièrement saisi :

1° Le tribunal du port où le navire abordé s'est réfugié (Caen, 1er octobre 1848, *S.* 49, 2, 38; *D.* 49, 2, 8; Aix, 23 mai 1868, *H.* 68, 2, 162; Rouen, 17 déc. 1878, *S.* 79, 2, 111, *D.* 79, 2, 248; Dalloz v° *Dr. marit.*, n° 2033; Sibille, n° 304).

2° Le tribunal le plus voisin du lieu du sinistre (Rouen, 24 nov. 1840, *S.* 41, 2, 80, *D.* 41, 2, 110; Aix, 7 juin 1869, *H.* 71, 2, 95; Rennes, 28 juillet 1875, *D.* 77, 2, 237; Havre, 6 déc. 1878,

II. 79, 1, 20 ; *Sic*, Pardessus, n° 1353 ; Caumont, n° 350 et s. ; St-Nazaire, 17 mars 1887, *II.* 1888, 2, 294.

Belgique. — Ostende, 20 nov. 1883, *Rev. intern. du dr. marit.,* I, p. 50.

Portugal. — Tribunal suprême de justice, 21 juin 1880, Clunet, 1881, p. 177.

3° Le tribunal du port d'arrivée, après abordage en cours de route (Aix, 7 juin 1869, *II.* 1, 72, 95 ; Rennes, 18 juillet 1875, *N.* 76, 1, 97 ; Rouen, 17 déc. 1878, *S.* 79, 1, 111, *D.* 79, 2, 248 ; 4 mai 1880, *D.* 81, 2, 123 ; Alauzet, V, n° 2379 ; Bédarride, V, n° 2025.

4° Le tribunal du lieu où les protestations ont été faites (Havre, *S.* 57, 2, 513 ; Caen, 24 nov. 1840, *S.* 41, 2, 80).

La Cour d'Aix par son arrêt en date du 28 février 1889 a cependant jugé qu'aux termes de l'article 14 du Code civil, l'action contre un étranger en réparation d'un abordage survenu en haute mer devait être nécessairement portée devant le tribunal du domicile du demandeur français (voir *Rev. intern. du dr. marit.,* IV, p. 564 et 660).

Belgique. 292. — Suivant la législation anglaise, l'étranger peut être cité devant les tribunaux de ce pays, s'il y possède un bureau d'affaire (office of business) ; par réciprocité un citoyen anglais possédant semblable office en Belgique peut être assigné devant une juridiction belge.

En conséquence les tribunaux belges sont compétents pour connaître de la demande dirigée contre un capitaine étranger, domicilié à l'étranger, à raison d'un abordage survenu en haute mer, quand la Société dont il dépend est justiciable de la Belgique (Bruxelles, 30 janvier 1889, *Rev. intern. du dr. marit.,* V, p. 90. Voir loi belge du 25 mars 1876 sur la compétence et le jugement d'Anvers réformé, *ibid.,* IV, p. 455).

Portugal. 293. — Art. 701. — L'action en dommages-intérêts résultant de l'abordage peut être intentée devant le tribunal du lieu où s'est produit l'abordage, devant celui du lieu où a été trouvé le navire abordeur, et enfin devant le tribunal dans le ressort duquel est situé le port d'attache du navire abordeur ou abordé.

CHAPITRE XX

Quelle loi doit appliquer le tribunal saisi ?

France. 294. — Si l'abordage a eu lieu dans les eaux territoriales d'un État (voir nº 274), c'est la loi de cet État qu'il faut appliquer pour fixer de quelle façon et par quelles personnes, le dommage résultant d'un abordage doit être supporté (Desjardins, V., nº 1121 ; Sibille, nº 362 ; Labbé, S. 75, 1, 97 ; avis du Conseil d'État, 24 oct. 1806 ; Lyon-Caen, *Journ. du dr. intern. privé*, 1882, p. 598 et 600, 1885, p. 604 et 605 ; Vincent et Pénaud, vº *Abordage*, nº 36 et s. ; Marseille, 3 juin 1867, *M.*).

La loi territoriale est applicable dans ce cas, quelle que soit la nationalité des navires, même entre deux étrangers.

La jurisprudence et la doctrine des différents pays admettent les mêmes principes.

Angleterre. — Marsden, p. 214 et s. ; Alexander, Clunet, 1879, p. 520 ; Westlake, *ibid.*, 1882, p. 10 ; Cour de l'Amirauté, 18 avril 1884, Clunet, 1885, p. 97.

Belgique. — Trib. com. Anvers, 28 mai 1883, *A.* 1883, 1, 35 et 5 juin 1881, *A.* 1881, 1, 349.

Égypte. — Trib. d'Ismaïlia, 5 mars 1877.

Italie. — Grasso cité par Buzzati, *Urto di navi in mare*, p. 68 ; Benfante, *Urto di navi*, p. 214.

Pays-Bas. — Asser et Rivier, *Élément du dr. intern. privé*, § 112.

295. — En cas d'abordage en pleine mer ou à l'étranger la jurisprudence française décide que la loi française est seule applicable, même quand le débat s'agite entre étrangers de nationalité différente, en quelque lieu que se soit produit l'abordage, du moment que le juge français est appelé à en régler les suites (Paris, 16 fév. 1882, Clunet, 1883, p. 145. Req., 4 août 1875, *D.* 76, 1, 56 ; Montpellier, 31 mars 1872, *S.* 73, 2, 165 ; Aix, 12 mai 1857, *S.* 57, 2, 721 ; Deloynes, *Quest. prat.*

d'abord. marit. ; Sibille, p. 87, n° 108 ; de Valroger, V, n° 2124).

296. — Dans le même sens :

Allemagne. — Savigny, *System*, VIII, p. 278 ; Windscheid, *Pendeklen*, p. 35, 3, n° 6 ; Seuffert's *Archiv.*, IX, n° 1 ; trib. de l'Empire confirm. trib. sup. hanséatique, 12 juillet 1886, *Rev. intern. du dr. marit.*, II, p. 712.

Angleterre. — Wharton, *A Digest on intern. Law*, I, ch. V, § 26, Haute Cour, div. de l'Amir., 11 mai 1881, Clunet, 1883, p. 175.

Etats-Unis. — Cour de circuit de New-York, Clunet, 1883, p. 403 ; Cour sup. des États-Unis, 10 mai 1886, *Rev. intern. du dr. marit.*, II, p. 457.

Pays-Bas. — Asser, *Das internationale Privatrecht* (trad. allemande de Max Cohn, p. 213 et 214).

297. — Nous n'entrerons pas dans le détail des controverses dans lesquelles tombent les auteurs qui n'admettent pas la *lex fori*.

Pour l'examen des systèmes qui se sont produits en doctrine nous renvoyons au dictionnaire de MM. Vincent et Pénaud, v° *Abordage*, n° 36 et s. (1).

Signalons pourtant un arrêt récent de la Cour de Rennes qui dans des circonstances spéciales n'a pas appliqué la *lex fori*, mais la loi du pavillon pour déterminer l'étendue de la responsabilité du propriétaire de navire à la suite d'un abordage survenu en haute mer.

Cet arrêt du 21 décembre 1887 (*Rev. intern. du dr. marit.*, III, p. 675), décide que la faculté d'abandon de l'art. 216 est un droit civil dont le bénéfice est réservé aux Français seuls, hors les cas spéciaux où les traités le concèdent expressément par voie de réciprocité aux étrangers. En conséquence, dans l'hypothèse dont s'agit, l'armateur anglais civilement responsable peut seulement invoquer le bénéfice de la loi anglaise qui lui permet de se procurer sa libération à forfait, moyennant le paiement de huit livres sterling par tonneau de jauge de son navire.

(1) Italie : Grasso, *Urto di navi* ; Benfante, *Urto di navi*, p. 258 ; Buzzati, *Urto di navi in mare*. p. 55 ; Pasquale Fiore, *La Legge*, 1882, n° 9, p. 317.

La chambre des requêtes a admis le pourvoi contre cette décision par arrêt du 8 mai 1.39.

Belgique. 298. — Qnand l'abordage a eu lieu dans les eaux territoriales d'un pays étranger, la jurisprudence belge applique la loi du lieu où s'est produit le quasi-délit (Anvers, 6 juin 1885. *Rev. intern. du dr. marit.*, I, p. 253; Anvers, 5 juin 1881, *A.* 1881, 1, 350).

États-Unis. 299. — Quand un abordage a eu lieu dans les eaux territoriales d'un pays, la jurisprudence américaine appliquait la loi du lieu où s'est produit le quasi-délit. Ces principes ont été consacrés dans deux décisions citées en matière de pilotage obligatoire (voir nᵒ 214, p. 130).

Maintenant il est souverainement décidé par la Cour suprême des États-Unis que c'est la *lex fori* qui est seule applicable (Morton P. Henry, p. 283). Même avant cette décision la jurisprudence avait fait bénéficier de l'abandon du navire et du fret un armateur anglais poursuivi par les tribunaux américains à raison d'un abordage en haute mer. (*The Scotland*, 105 U. S. 24.)

Portugal. 300. — Art. 708. — Les contestations relatives aux abordages sont réglées :

1ᵒ Dans les ports et dans les eaux territoriales par la loi du lieu.

2ᵒ Dans la haute mer et entre navires de nationalité différente, chacun est obligé dans les limites de la loi du pavillon, et ne peut recevoir plus que cette loi ne lui accorde.

CHAPITRE XXI

Privilèges pour les créances naissant de l'abordage.

France. 301. — Le Code français n'accorde qu'aux chargeurs un privilège pour le remboursement des avaries souffertes par leurs marchandises à la suite d'une faute commise par le capitaine ou l'équipage.

(Rouen, 3 mai 1864, M. 64, 2, 67 ; Desjardins, V, p. 93.)

Cette créance vient au 11e rang dans l'art. 191 ainsi conçu :

191. — Sont privilégiées, et dans l'ordre où elles sont rangées, les dettes ci-après désignées : 1° Les frais de justice et autres faits pour parvenir à la vente et à la distribution du prix ; — 2° Les droits de pilotage, tounage, cale, amarrage, et bassin ou avant-bassin ; — 3° Les gages du gardien, et frais de garde du bâtiment depuis son entrée dans le port jusqu'à la vente ; — 4° Le loyer des magasins où se trouvent déposés les agrès et les apparaux ; — 5° Les frais d'entretien du bâtiment et de ses agrès et apparaux, depuis son dernier voyage et son entrée dans le port ; — 6° Les gages et loyers du capitaine et autres gens de l'équipage employés au dernier voyage ; — 7° Les sommes prêtées au capitaine pour les besoins du bâtiment pendant le dernier voyage, et le remboursement du prix des marchandises par lui vendues pour le même objet ; — 8° Les sommes dues au vendeurs, aux fournisseurs et ouvriers employés à la construction, si le navire n'a point encore fait de voyage ; et les sommes dues aux créanciers pour fournitures, travaux, main-d'œuvre, pour radoub, victuailles, armement et équipement, avant le départ du navire, s'il a déjà navigué ; — 10° Le montant des primes d'assurances faites sur le corps, quille, agrès, apparaux, et sur armement et équipement du navire, dues pour le dernier voyage ; — 11° Les dommages-intérêts dus aux affréteurs, pour le défaut de délivrance des marchandises qu'ils ont chargées, ou pour remboursement des avaries souffertes par lesdites marchandises par la faute du capitaine ou de l'équipage. — Les créanciers compris dans chacun des numéros du présent article viendront en concurrence et au marc le franc, en cas d'insuffisance du prix. — Les créanciers hypothécaires sur le navire viendront, dans leur ordre d'inscription, après les créances privilégiées.

Allemagne. 302. — Voir les textes relatifs aux privilèges dans le chapitre de la responsabilité des propriétaires de navires, p. 235 et sv.

Angleterre. 303. — Le privilège issu de l'abordage grève non seulement le navire et ses accessoires, mais le fret courant et la plus-value provenant des réparations postérieures au sinistre, quand le propriétaire les a faites à ses frais. Toufois il a été jugé que si le navire est saisi à raison de l'abordage et que des réparations postérieures en aient augmenté la valeur, le privilège est limité par la valeur du navire, tel qu'il se comportait au moment de la saisie. Ce privilège ne porte pas sur la cargaison, quand même elle appartiendrait au propriétaire du navire. Il confère non seulement un droit de préférence, mais encore un droit de suite. Enfin il prime, d'après plusieurs décisions judiciaires, les privilèges pour les loyers et gages, remorquage, pilotage et le privilège du prêteur à la grosse (Desjardins, V, p. 94).

Bas-Canada. 304. — Code civil, art. 2387. — Les dommages pour abordage sont payés par privilège après les créances énumérées en premier et en second lieu dans les articles 2383 et 2385 et avant ou après d'autres créances privilégiées, suivant les circonstances dans lesquelles la créance prend naissance et les usages du commerce.

ART. 2383. — Il y a privilège sur le bâtiment pour le paiement des créances ci-après : 1º les frais de saisie et de vente suivant l'article 1995 ; 2º les droits de pilotage, de quayage et de havre, et les pénalités encourues pour infraction aux règlements légaux du havre.

ART. 2385. — Les créances suivantes sont payées par privilège sur la cargaison : 1º les frais de saisie et de vente : 2º les droits de quayage.

Belgique. 305. — ART. 101. — Sont privilégiées, dans l'ordre où elles sont rangées, les créances ci-après désignées :

1º Les frais de justice et autres faits pour parvenir à la vente et à la distribution du prix. — 5, 1º, L., 16 décembre 1851, 19, 1º, 21 ;

2º Les droits de navigation établis conformément à la loi, ainsi que les frais de remorquage. — 5, 3º ;

3º Les gages du gardien et frais de garde du bâtiment, depuis son entrée dans le port jusqu'à la vente. — 5, 3º ;

4º Le loyer des magasins où se trouvent déposés les agrès et les apparaux. — 5, 3º ;

5º Les frais d'entretien du bâtiment et de ses agrès et apparaux depuis son entrée dans le port. — 5, 3º ; L., 16 décembre 1851, 20, 4º.

6° Les frais et indemnités dus à l'occasion du sauvetage ou de l'assistance maritime pour le dernier voyage. — 5, 9° ;

7° Les loyers et gages du capitaine et autres gens de l'équipage, employés depuis l'ouverture du dernier rôle d'équipage, quel que soit le mode de rémunération de leurs services. — 5, 4°, 47 s., 63, 114 ;

8° Les sommes prêtées au capitaine pour les besoins du bâtiment pendant le dernier voyage, et le remboursement du prix des marchandises par lui vendues pour le même objet. — 5, 5°, 157, 160 ; L., 16 décembre 1851, 20, 4° ;

9° Les sommes dues aux créanciers pour fournitures, travaux, main-d'œuvre, pour radoub, victuailles, armement et équipement avant le départ du navire, s'il a déjà navigué. — 5, 6° ;

10° Les sommes dues aux fournisseurs et ouvriers employés à la construction, si le navire n'a point encore fait de voyage ;

Si les fournisseurs et ouvriers ont su que le navire était construit à forfait par un entrepreneur pour le compte d'un tiers, le privilège existe à concurrence seulement de la somme dont celui-ci se trouve débiteur envers l'entrepreneur au moment où l'action est intentée. — 5, 7° ;

11° Les sommes avancées pour la construction d'un navire par celui pour le compte duquel le navire est construit, si le navire ne lui a point encore été livré. — 5, 7° ;

12° Le montant des primes d'assurances faites sur le corps, quille, agrès, apparaux et sur armement et équipement du navire, dues pour le dernier voyage, quand l'assurance est faite au voyage, ou pour la dernière année quand l'assurance est faite à l'année. — 5, 8° ; L, J, T, X, 23 ;

13° Les dommages-intérêts dus aux affréteurs, pour défaut de délivrance des marchandises qu'ils ont chargées, ou pour remboursement des avaries soufertes par lesdites marchandises par la faute du capitaine ou de l'équipage. — 5, 9°, 71 ;

14° *Les dommages-intérêts dus pour cause d'abordage.* — 5, 10°, 228 ;

15° Les sommes dues au vendeur du navire pour son prix. — 5, 10°.

Les créanciers compris dans chacun des numéros du présent article viendront en concurrence et au marc le franc, en cas

d'insuffisance du prix. — 8,14°. L., 16 décembre 1851 ; Pr.,
656 s. 9°. — Les frais et indemnités dus à l'occasion du sauvetage
ou de l'assistance maritime, les dommages-intérêts dus aux
affréteurs et ceux dus pour cause d'abordage seront constatés
par les jugements ou par les sentences arbitrales qui sont intervenues ou par les règlements arrêtés entre les parties et
approuvés par le président du tribunal de commerce. — 4,6°-
13°-14° ;

6° Les privilèges des créanciers seront éteints, indépendamment des moyens généraux d'extinction des obligations :

Par la vente en justice faite dans les formes établies par
la loi, Comm. anc., 197, 215 ; ou par la vente volontaire transcrite conformément à l'article 2, publiée dans un des journaux
d'Anvers, de Gand et dans ceux du port d'armement, et affichée
au mât ou à la partie la plus apparente du navire, sans opposition de la part des créanciers du vendeur, notifiée dans le mois
de la publication et de l'affiche tant au vendeur qu'à l'acheteur. — 2.

Néanmoins les droits de préférence des créanciers subsistent
sur le prix, tant que celui-ci n'a pas été payé ou distribué.

Égypte. 305. — L'art. 5 du Code maritime égyptien reproduit l'art. 191 du Code français.

Espagne. 306. — Art. 580. — Dans toute vente judiciaire d'un
navire pour le paiement de créances, le rang de celles-ci sera
réglé dans l'ordre ci-après :

1° Les créances au profit du Trésor public, qui seront justifiées au moyen d'une déclaration officielle de l'autorité compétente ;

2° Les frais judiciaires de la procédure, selon taxe approuvée par le juge ou tribunal ;

3° Les droits de pilotage, de tonnage, ainsi que les droits de
mer ou autres de ports, justifiés par des déclarations suffisantes des chefs chargés du recouvrement ;

4° Les salaires des dépositaires et des gardiens du navire et
tous autres frais relatifs à sa conservation, depuis l'entrée
dans le port jusqu'à la vente, dont le paiement ou la débition
résultent d'un compte justifié et approuvé par le juge ou tribunal ;

5° Le loyer du magasin ou auraient été conservés les agrès et apparaux du navire, selon contrat ;

6° Les gages dus au capitaine et à l'équipage pour le dernier voyage, lesquels seront établis moyennant une liquidation, qui se fera sur le vu des rôles et des livres de comptabilité du navire, approuvée par le chef du service de la marine marchande, là où il en existe un, et, à son défaut, par le consul ou le juge du tribunal ;

7° Le remboursement des effets du chargement que le capitaine aurait vendus pour réparer le navire, à la condition toutefois qu'il soit prouvé que la vente a été ordonnée par jugement exécuté en observant les formalités exigées en pareil cas, et qu'elle a été mentionnée sur le certificat d'inscription du navire ;

8° La partie du prix qui n'aurait pas été payée au dernier vendeur, les créances pendantes pour le paiement de matériaux et de main-d'œuvre se rapportant à la construction du navire qui n'a pas encore navigué, et les créances provenant de la réparation et de l'équipement du navire, ainsi que des approvisionnements de vivres et de combustible pour le dernier voyage.

Pour jouir de ce privilège, les créances contenues dans le précédent alinéa devront être constatées par contrat inscrit au Registre commercial, ou, si elles résultent de contrats faits en cours de voyage et avant le retour du navire au port où il est matriculé, elles devront avoir été autorisées suivant le mode requis en pareil cas et mentionnées sur le Certificat d'inscription dudit navire ;

9° Les sommes empruntées à la grosse sur la coque, la quille, les agrès et apparaux du navire avant son départ justifiées par des contrats passés selon les lois et inscrites au registre commercial ; celles qui auraient été empruntées en cours de voyage avec l'autorisation indiquée au numéro précédent et qui remplissent les mêmes conditions, ainsi que la prime d'assurance, justifiée par la police du contrat ou par certificat extrait des livres du courtier ;

10° L'indemnité due aux chargeurs pour la valeur des marchandises embarquées qui n'auraient pas été délivrées aux consignataires ou pour des avaries subies et dont le navire serait responsable, à la condition que le tout soit constaté par une décision judiciaire ou arbitrale.

Finlande. 307. — ART. 12. — Sont privilégiées sur les navires, dans l'ordre où elles sont rangées, les créances ci-après désignées :

1º Les frais de sauvetage, tant que le navire se trouve encore au lieu où l'on aurait dû s'acquitter de ces frais ;

2º Les droits de lamanage, de feux, les frais de port et autres droits de même nature, sous la restriction énoncée au précédent alinéa ;

3º Les gages et loyers du capitaine et autres gens de l'équipage, à compter du dernier engagement ;

4º La contribution du navire aux avaries, le remboursement des marchandises vendues par le capitaine pour les besoins urgents du navire, les sommes prêtées à la grosse, avec intérêts et primes, et tout prêt en espèces ou en marchandises fait au capitaine, en cas d'urgence, pour les besoins du navire pendant le dernier voyage. Toutes les dettes désignées dans le présent alinéa ont des droits égaux, si elles ont été contractées dans un même port ou à l'occasion d'un même malheur ; autrement les créances les plus récentes auront la préférence sur les précédentes, et celles contractées pendant le dernier voyage sur celles qui remontent à un voyage antérieur ;

5º Les dommages-intérêts dus aux affréteurs pour fautes commises à la charge ou à la décharge, ou pour les avaries arrivées aux marchandises par le fait ou la faute du capitaine ou de l'équipage, ou bien encore pour les avaries occasionnées à un autre navire par suite d'abordage, à la condition cependant que toutes ces créances se rapportent au dernier voyage ;

6º Les sommes dues pour le ravitaillement, l'armement ou l'équipement, lorsque ces dettes sont contractées hors le cas d'urgence, et que le navire n'a pas encore quitté le port où le prêt a eu lieu ;

7º Les sommes dues par l'armateur pour la réparation, la reconstitution ou d'autres besoins du navire, lorsqu'il a été expressément stipulé que ces dettes seraient privilégiées sur le navire ; ce privilège est prescrit au bout de six mois ;

8° Les avances, avec les intérêts et les frais, faites par les armateurs à l'un d'entre eux qui n'avait pas acquitté sa quote-part des frais de construction, de réparation ou d'équipement du navire ; ces avances doivent être réclamées dans les six mois après qu'elles ont été faites ; passé ce terme il y aura prescription.

Art. 13. — Les créances spécifiées à l'art. 12 seront privilégiées, non seulement sur le navire, mais encore sur ses appartenances, sur le fret du voyage qui a donné lieu à la dette, sur les contributions aux avaries, et sur les dommages-intérêts revenant aux armateurs pour avaries faites au navire pendant le même voyage pour autant qu'après le compte rendu leur part du revenu ne leur a pas été payée.

Art. 14. — Les créances désignées aux articles 11 et 12 cesseront d'être privilégiées au cas où réclamation n'en aurait pas été faite dans les délais fixés, soit en se ..isant délivrer par le juge un acte de citation, soit par toute autre mesure légale. Dans les cas pour lesquels il n'est pas fixé de délais, les réclamations doivent être faites au plus tard dans les six mois après la rentrée dans un port finlandais pour y effectuer le déchargement définitif; passé ce terme les privilèges seront éteints.

Art. 15. — En cas de vente judiciaire aux enchères publiques, tout privilège sur le navire cesse. En revanche le créancier conserve ses droits sur le prix d'achat, lequel ne doit être soldé au vendeur qu'au bout d'un mois après que les créanciers inconnus, par une publication dans l'église du lieu de vente et dans les journaux officiels du pays, auront été mis à même de faire valoir leurs droits.

Italie. 308. —Art. 661. — Si l'abordage est arrivé par la faute de l'un des navires, les dommages et les pertes qui en dérivent sont à la charge de ce navire. Les indemnités dues aux personnes mortes ou blessées sont privilégiées au cas où la somme à distribuer est insuffisante.

DES CRÉANCES PRIVILÉGIÉES SUR LE FRET

Art. 673. —Sont privilégiées sur le fret et colloquées sur son prix dans l'ordre indiqué ci-dessus les créances suivantes :

1º Les frais de justice faits dans l'intérêt commun des créanciers pour des actes de conservation et d'exécution ;

2º Les frais, indemnités et primes de sauvetage dus pour le
dernier voyage, conformément aux dispositions du Code de la
marine marchande ;

3º Les loyers, émoluments et indemnités dus conformément
aux dispositions du titre III de ce livre au capitaine et aux autres gens de l'équipage pour le voyage dans lequel est acquis
le fret, ainsi que les rétributions dues à la Caisse des invalides
de la marine marchande pour le même voyage ;

4º Les sommes dues pour contribution d'avaries communes ;

5º Les primes d'assurance ;

6º Les sommes en capital et intérêt dues pour les obligations
contractées par le capitaine sur le fret dans les cas prévus par
l'article 505 et avec l'observation des formalités prescrites ;

7º Les indemnités dues aux affréteurs par défaut de délivrance des marchandises chargées, ou pour avaries souffertes
par elles par la faute du capitaine ou de l'équipage dans le
dernier voyage ;

8º Toute autre dette, à la grosse ou avec gage sur le fret,
transcrite et marquée sur l'acte de nationalité.

DES CRÉANCES PRIVILÉGIÉES SUR LE NAVIRE

ART. 674. — Les navires et leurs parties sont affectés, même
chez le tiers possesseur, au paiement des créances que la loi
déclare privilégiées ci-après :

ART. 675. — Sont privilégiées sur le navire et rangées sur
son prix dans l'ordre indiqué par le présent article les créances suivantes :

1º Les frais de justice faits dans l'intérêt commun des créanciers pour des actes de conservation et d'exécution sur le navire ;

2º Les frais, indemnités et primes de sauvetage dus pour le
dernier voyage, conformément aux dispositions du Code de la
marine marchande ;

3º Les droits de navigation établis par la loi ;

4º Les loyers des pilotes, le loyer du garde et les frais de
garde du navire après son entrée dans le port ;

5° Le loyer des magasins de dépôt des agrès et apparaux du navire ;

6° Les frais d'entretien du navire et de ses agrès et apparaux après son dernier voyage et entrée au port ;

7° Les loyers, émoluments et indemnités dus, conformément aux dispositions du titre III de ce livre, au capitaine et aux autres gens de l'équipage pour le dernier voyage, ainsi que les rétributions dues à la Caisse des invalides de la marine marchande pour le même voyage ;

8° Les sommes dues pour contribution d'avaries communes ;

9° Les sommes en capital et intérêts dues pour les obligations contractées par le capitaine pour les besoins du navire dans les cas prévus par l'article 593 et avec accomplissement des formalités prescrites ;

10° Les primes d'assurance du navire et de ses accessoires pour le dernier voyage dans le cas d'une assurance au voyage ou à temps, et pour les bateaux à vapeur en navigation périodique et assurés à temps, les primes correspondantes aux six derniers mois et en outre, dans les sociétés d'assurance mutuelle, les réparations ou les contributions pour les six derniers mois ;

11° Les indemnités dues aux affréteurs pour défaut de délivrance des marchandises chargées, ou pour les avaries souffertes par elles par la faute du capitaine ou de l'équipage dans le dernier voyage ;

12° Le prix du navire encore dû au vendeur :

13° Les créances indiquées en le précédent numéro 9°, transcrites et annotées tardivement ; toute autre créance à la grosse sur le navire et les créances pour lesquelles le navire a été mis en gage.

Dans le concours de plusieurs créances mentionnées au numéro 13, la préférence est déterminée par la date de la transcription du titre et de l'inscription sur l'acte de nationalité.

ART. 677. — Les privilèges indiqués dans les articles précédents ne peuvent être exercés si les créances ne sont pas prouvées et les privilèges conservés de la manière suivante :

9° Les indemnités dues aux affréteurs, par les jugements qui les ont liquidées ; si à l'époque de la distribution du prix est prononcée la sentence de condamnation aux dommages-intérêts et que ceux-ci ne sont pas encore liquidés, on peut, selon les cas, colloquer les créanciers de l'indemnité pour une somme approximative moyennant caution de restituer l'excédent, ou on peut colloquer les créanciers à eux postérieurs, aussi moyennant caution de restitution.

ART. 677. — Indépendamment des moyens généraux d'extinction des obligations, les privilèges des créanciers sur le navire seront éteints :

1° Par la vente en justice faite à la demande des créanciers ou pour autre cause, dans les formes établies par le livre IV, et après que le prix est payé sur lequel les privilèges sont transférés ;

2° Par l'expiration d'un délai de trois mois, en cas d'aliénation volontaire.

Ce délai prend cours à partir de la date de la transcription de l'acte de l'aliénation, si le navire se trouve au temps de la transcription dans le département où il est inscrit; et à partir de la date de son retour dans ledit département, si la transcription de l'aliénation est faite lorsque le navire est déjà parti, pourvu que dans un mois de la date de la transcription, la vente soit notifiée aux créanciers privilégiés, dont les titres se trouvent transcrits et marqués sur l'acte de nationalité.

L'extinction n'a pas lieu relativement au créancier privilégié qui avant l'expiration du délai a cité devant la justice l'acheteur pour obtenir la déclaration de son privilège.

Mexique. 309. — ART. 470. — Quand il y a lieu à exécution sur les navires et qu'ils sont vendus pour le paiement des créanciers les créances ci-après sont privilégiées dans l'ordre suivant:

1° Les créances du fisc;

2° Les frais judiciaires pour la vente et le partage du prix ;

3° Les frais de pilotage, tonnage et autres de même sorte;

4° Les salaires ou émoluments pour le dépositaire et le gardien du navire depuis sont entrée dans le port jusqu'à la vente;

5° Le loyer pour les magasins où les agrès ont été entreposés;

6° Les frais d'entretien et de réparation du navire depuis son dernier voyage jusqu'à la vente;

7º Les salaires du capitaine et des hommes de l'équipage pour le dernier voyage ;

8º Les dettes que le capitaine a contractées, depuis le dernier voyage, à condition qu'elles aient été indispensables et faites pour les besoins du navire ;

9º La somme qui est due pour les matériaux et la main-d'œuvre de construction si le navire n'a pas fait encore de voyage, et, il s'y a lieu, cette partie du prix qui n'a pas été payée au dernier vendeur, et les dettes contractées pendant le dernier voyage pour l'amélioration, l'armement ou l'approvisionnement du navire ;

10º Les sommes empruntées à la grosse avant le dernier départ sur tout le navire, ou l'une quelconque de ses parties ;

11º Les primes d'assurances pour le dernier voyage sur les mêmes choses ;

12º Enfin l'indemnité qui est due aux affréteurs, si les marchandises n'ont pas été livrées au consignataire, ou qui est due pour avaries, à l'occasion desquelles le navire est retenu.

ART. 471.— Pour profiter du privilège, dans le cas du précédent article, les créances qui dépendent du nº 1 doivent être prouvées par la liquidation ordonnancée par le teneur de livre du bureau y relatif ; celle du nº 2 par l'estimation judiciaire ; celle des nºˢ 3, 5, 6, 7 et autres par décision judiciaire ou arbitrale après justification préalable devant lesdits tribunaux et celles du nº 4 par la liquidation qui en a été faite sur base du rôle du navire et des livres de compte du navire.

Pays-Bas. 310.— ART. 312. — En cas de vente volontaire de navires, faite dans le royaume ou à l'étranger, la propriété ne se transmet qu'avec les charges. et sauf les privilèges et droits énoncés aux articles 313, 314 et 315.

ART. 313. — Les créances privilégiées qui, dans le cas de l'art. précédent, peuvent être récupérées sur le prix des navires sont ci-après déterminées.

Elles sont privilégiées dans l'ordre suivant :

1º Les salaires d'assistance, de sauvetage et de pilotage ;

2º Les droits de tonnage, fanaux, feux, quarantaine et autres frais de port ;

3° Les gages des gardiens et des autres ouvriers nécessaires à la garde du bâtiment ;

4° Le loyer des magasins servant au dépôt des agrès et apparaux ;

5° Les gages du capitaine et des gens de l'équipage ;

6° La livraison des voiles, cordages et autres choses nécessaires et les frais d'entretien ou de réparation du bâtiment et de ses agrès et apparaux.

Les sommes avancées et prêtées au capitaine ou payées pour son compte, pour le service et les besoins du bâtiment, ainsi que les sommes dues en indemnité des marchandises qui ont dû être vendues par lui pour faire face aux dettes mentionnées ci-dessus, et les sommes prêtées à la grosse pour acquitter tout ou partie de ces dettes, y compris la prime de l'emprunt à la grosse.

Toutes les dettes, énoncées aux n°* 1, 2, 5 et 6, jouissent du privilège pour autant seulement qu'elles auront été contractées à cause du dernier voyage, à savoir :

Celles mentionnées aux n°* 1 et 2 ainsi qu'au dernier alinéa du n° 6, si elles ont été contractées pendant le voyage ;

Celles mentionnées au n° 5 et au premier alinéa du n° 6, si elles ont été contractées depuis le jour où le navire a été mis en état de faire le voyage, jusqu'à celui où le voyage est considéré comme terminé ;

Le voyage est réputé terminé 21 jours après l'arrivée du navire à sa destination ou d'autant plutôt que les dernières marchandises ou effets sont débarqués ;

Les dettes énoncées aux n°* 3 et 4 jouissent du privilège, si elles ont été contractées depuis le jour où le navire est entré dans le port jusqu'à celui de sa vente ;

7° Les frais du radoub nécessaire du navire et de ses apparaux autres que ceux mentionnés au n° 6 ci-dessus pendant les trois dernières années, à compter du jour où le radoub a été achevé ;

8° La créance provenant de la construction du navire et les intérêts dus pour les trois dernières années ;

9° Les sommes prêtées à la grosse sur le corps et la quille du navire et les apparaux, pour les victuailles, armement et équipement et dont le contrat a été passé et signé avant le départ du navire, à l'exception de la prime de l'emprunt à la grosse ;

10° Les dommages et intérêts,dus aux affréteurs, pour défaut de délivrance des marchandises ou pour remboursement des avaries souffertes par lesdites marchandises par la faute ou l'infidélité du capitaine ou de l'équipage.

Art. 316. — Le privilège accordé par les articles précédents est éteint, si le navire transmis à un autre a navigué pendant 60 jours depuis sa sortie du port, sous le nom et pour compte du nouveau propriétaire, sans que les créanciers privilégiés aient protesté.

La protestation ne profite qu'au créancier au nom duquel elle est faite.

Ces dispositions ne s'appliquent pas à la vente à l'étranger mentionnée en l'art 310; alors les charges, privilèges et droits restent intacts.

Art.317. — En cas de vente judiciaire du navire, les frais de justice seront préférés à toutes autres créances.

Portugal. 311. — Art. 578. — Les créances qui ont privilège sur le navire sont rangées dans l'ordre suivant :

1° Les frais et dépenses judiciaires faits dans l'intérêt commun des créanciers ;

2° Les salaires dus pour assistance et pour sauvetage ;

3° Les frais de pilotage et de remorque à l'entrée des ports ;

4° Les droits de tonnage, de phare, d'ancrage, de police sanitaire et autres droits de port ;

5° Les frais de garde du navire et d'emmagasinage de ses agrès ;

6° Les salaires du capitaine et de l'équipage ;

7° Les frais de conservation et de réparation du navire et de ses agrès et apparaux ;

8° Le remboursement du prix des marchandises de la cargaison que le capitaine a été obligé de vendre ;

9° Les primes d'assurances;

10° Le prix de la dernière acquisition du navire s'il est encore dû ;

11° Les dépenses de réparation du navire et de ses agrès et apparaux, dans les trois années précédant le voyage, à compter du jour où la réparation se termine ;

12° Les créances provenant de contrats pour la construction du navire;

13° Les primes d'assurances faites sur le navire, s'il a été assuré en entier ou sur la partie et les accessoires qui ont été assurés lorsque ces primes ne sont pas comprises dans le n° 9 ;

14° L'indemnité due aux chargeurs pour défaut de délivrance des marchandises ou pour avaries qu'elles ont subies.

Les créances mentionnées aux numéros 1, 6 et 9, sont celles contractées pendant ce dernier voyage et pour cause de ce voyage.

ART. 579. — Les privilèges sur les navires s'éteignent :

1° Par les modes qui généralement opèrent l'extinction des obligations;

2° Par la vente judiciaire du navire suivie de la consignation du prix de vente; en ce cas, le privilège et l'action du créancier sont transférés sur ce prix ;

3° Par la vente volontaire faite après citation des créanciers privilégiés si dans les six mois, ceux-ci n'ont point fait valoir leurs privilèges ou fait opposition sur le prix de la vente.

ART. 582. — Les créances privilégiées sur le fret sont rangées dans l'ordre suivant :

1° Les frais judiciaires faits dans l'intérêt commun des créanciers ;

2° Les salaires du capitaine et de l'équipage ;

3° La part de contribution dans les avaries communes ;

4° Les primes d'assurances ;

5° Le montant de l'indemnité qui serait due pour défaut de livraison des marchandises chargées.

ART. 583. — Les privilèges sur le fret s'éteignent dès que le fret a été payé, sauf dans les cas de l'art. 645, en ce cas le privilège ne s'éteint que si, après six mois, il n'y a pas de réclamation.

Roumanie. 312. — Le titre IX des créances privilégiées (art. 678 à 694) est la reproduction du titre IX du Code de commerce italien (art. 666 à 682).

Turquie. 313. — L'art. 5 du Code maritime ottoman reproduit l'art. 191 du Code français.

Projet de loi scandinave.

313. — ART. 268. — Les créances pour lesquelles, aux termes du présent chapitre, le créancier a un privilège (créances maritimes) sont remboursées, par préférence, sur la chose affectée après les charges publiques, mais avant toute autre dette.

ART. 269. — Le privilège sur le navire et le fret garantit les créances suivantes :

1º Les droits de pilotage, l'indemnité de sauvetage et les frais faits pour délivrer le navire des mains de l'ennemi ;

2º Les loyers et les autres rémunérations que le capitaine et l'équipage peuvent légalement réclamer pour leur service à bord du navire ;

3º Les contributions aux avaries communes de même que les frais à répartir d'après des règles semblables à celles qui sont établies pour les avaries communes (art. 162, 2ᵉ alinéa et art. 219, 2ᵉ alinéa), les sommes prêtées à la grosse, ainsi que les créances dues, aux propriétaires de la cargaison, pour des marchandises vendues, pour les besoins du navire, pendant le cours du voyage ;

4º Les créances dérivant soit des contrats que le capitaine, en cette qualité, a conclus, soit du non accomplissement d'un engagement que l'armateur lui-même ou son fondé de pouvoirs a contracté et dont l'exécution incombait au capitaine (voir l'art. 9), ainsi que les sommes dues pour indemnité des dommages causés par la faute ou la négligence dans le service commises par quelqu'un de ceux qui sont engagés à bord (voir art. 10), même si, d'après les dispositions des paragraphes cités, le propriétaire du navire est tenu personnellement ; la créance due, au capitaine, pour des avances faites par lui-même ou pour des sommes dont il s'est déclaré responsable pour subvenir aux dépenses du navire.

Le privilège sur le navire comprend aussi les apparaux du navire ; le privilège sur le fret comprend le fret brut pour le voyage dont la créance provient ; le privilège en faveur des créances dues pour des emprunts à la grosse comprend le navire ou le fret ou tous les deux, selon le texte de la lettre à la grosse (voir art. 175).

ART. 270.—Les créances énumérées à l'art. 269 seront payées dans l'ordre numérique dans lequel elles y ont été énoncées, pourvu qu'elles soient toutes contractées pendant le cours du même voyage. Entre les créances provenant de différents voyages, celle qui est due à l'occasion d'un voyage subséquent prime chacune de celles qui proviennent d'un voyage antérieur, excepté, toutefois, les loyers du capitaine et de l'équipage, lesquels, sans égard aux voyages, ont un privilège sur le navire pour les derniers douze mois si la créance est fondée sur le même contrat d'engagement.

Les créances énumérées dans chacun des nᵒˢ 2 et 4 de l'art. 269 viennent au même rang si elles proviennent du même voyage; mais, quant aux créances dont il est question dans les nᵒˢ 1 et 3, la créance postérieure prime la créance antérieure, à moins qu'elles ne doivent leur origine au même cas de besoin.

ART. 271. — Si un navire s'est perdu ou a souffert des avaries ou si le fret a été perdu totalement ou partiellement, dans des circonstances telles qu'il est dû au propriétaire du navire une indemnité à payer par celui qui a causé les dommages ou conformément aux règles établies pour les avaries communes, le créancier qui a un privilège sur le navire ou le fret a le même droit sur l'indemnité. Par contre, l'indemnité qu'un assureur doit payer pour le navire et le fret n'est pas grevée du privilège.

ART. 272. — Si le navire se vend aux enchères forcées, le privilège sur le navire s'éteint; mais, à sa place, le créancier a un privilège sur le prix d'achat tant qu'il n'est pas versé. Il en est de même si le navire se vend après qu'il a été, d'une manière régulière, déclaré irréparable. Si, en d'autres cas, par une cession volontaire, le droit de propriété sur le navire passe à une autre personne, le navire continue à rester affecté au paiement des créances énoncées à l'art. 269.

ART. 273. — Si l'indemnité, le prix d'achat ou le fret, qui sont affectés à la créance maritime, ont été payés au propriétaire du navire, celui-ci, pourvu qu'aucune obligation plus étendue ne lui incombe, est tenu de la créance jusqu'à concurrence du montant versé. Il en est de même, à l'égard du fret, pour les marchandises déchargées pour le compte du propriétaire du navire.

Si les sommes ci-dessus sont versées dans sa faillite, les créanciers qui avaient un privilège sur elles sont préférés pour le paiement d'un montant en proportion des versements faits.

ART. 274. — Si, par une cession volontaire, un navire passe à un autre propriétaire, sans que préalablement les créances maritimes, auxquelles il est affecté, aient été payées, le premier propriétaire est tenu personnellement de leur remboursement, même si, d'abord, il n'était tenu qu'à raison du navire et du fret. S'il prouve qu'à l'époque où la cession a eu lieu la valeur du navire était inférieure au montant de la créance, sa responsabilité n'excède pas la valeur du navire.

ART. 275. — Si, pour le remboursement d'une créance maritime, le propriétaire du navire a payé tout ce qu'aux termes des art. 273 et 274 il était tenu de payer, et si, plus tard, il est constaté qu'un autre créancier a des droits préférables, le propriétaire du navire n'est pas tenu de faire des paiements ultérieurs, pourvu qu'à l'époque du remboursement il ignorât la créance due à celui-ci. Cependant, dans les cas où le remboursement a été fait pour couvrir des créances dont le propriétaire du navire était tenu personnellement, cette règle n'est pas applicable.

Le créancier qui, de la sorte, a perçu ce qui, de droit, appartenait à un autre, est tenu de la créance due à celui-ci à raison du montant perçu pourvu que, à l'époque du versement, il en eût connaissance.

ART. 276. — Les droits sur le navire accordés par le présent chapitre au créancier privilégié ne sont pas modifiés par le fait que le propriétaire a cédé le navire à un autre, pour qu'il navigue pour le compte de celui-ci.

ART. 277. — Le privilège sur la cargaison garantit les créances suivantes :

1° L'indemnité de sauvetage et les frais pour délivrer la cargaison des mains de l'ennemi ;

2° Les contributions par la cargaison aux avaries communes, de même que les frais à répartir d'après des règles semblables à celles qui sont établies pour les avaries communes (art. 162, 2° alinéa et 219, 2° alinéa) ; les sommes prêtées à la grosse et les créances dues au propriétaire de la cargaison pour des marchandises vendues dans l'intérêt d'autres propriétaires de la cargaison ;

3° Les créances dérivant des contrats que le capitaine, en cette qualité, a conclus pour le compte du propriétaire de la cargaison et les créances dues au capitaine, ou pour des avances faites par lui-même ou pour des sommes dont il s'est déclaré responsable pour subvenir aux dépenses réclamées par la cargaison ;

4° Les créances dues pour le fret et les surestaries. Les créances seront payées dans l'ordre numérique dans lequel elles ont été énoncées ci-dessus. Les créances énumérées dans chacun des numéros sont au même rang ; cependant celles qui sont mentionnées aux n°s 1 et 2 ne sont au même rang que quand elles proviennent du même cas de besoin; dans les cas contraires la créance postérieure prime la créance antérieure.

ART. 278. — Le privilège maritime sur la cargaison s'éteint si la marchandise a été délivrée à l'affréteur ou au destinataire. Il en est de même si les marchandises ont été vendues aux enchères publiques ou par le capitaine, au cours du voyage, pour les besoins du navire ou de la cargaison; mais, à sa place, le créancier a un privilège sur le prix d'achat tant qu'il n'est pas versé.

ART. 279. — A l'égard du droit des créanciers privilégiés d'exiger le remboursement de l'indemnité due pour des dommages ou pertes soufferts par la cargaison ou appartenant à la cargaison d'après les règles établies pour les avaries communes, les mêmes règles sont applicables que celles qui sont données au § 271, à l'égard du privilège sur le navire. Dans le cas présent, l'indemnité à payer par l'assureur n'est pas non plus grevée du privilège.

ART. 280. — Si le propriétaire de la cargaison a perçu une partie du prix d'achat ou de l'indemnité qui aux termes des paragraphes 278 et 279, était affectée aux créances dues à un créancier privilégié, le propriétaire de la cargaison en est tenu personnellement d'après les mêmes règles que celles qui sont établies aux §§ 273 et 275, à l'égard du propriétaire du navire.

De même la disposition du § 273, 2° alinéa, est également

applicable, si les sommes ont été versées dans la faillite du propriétaire de la cargaison.

ART. 281. — Si le capitaine, sans la permission du créancier, délivre des marchandises affectées à des créances maritimes, il est tenu, aussi bien que le réceptionnaire, du remboursement de celles-ci, pourvu que, lors de la délivrance, le réceptionnaire eût connaissance du privilège.

Si, toutefois, il est constaté que, lors de la délivrance, la valeur de la cargaison était inférieure au montant de la créance, la responsabilité n'excède pas la valeur de la cargaison.

ART. 282. — Si le privilège porte sur divers objets, le créancier peut exercer ses droits sur chacun d'eux pour toute sa créance.

S'il s'est fait rembourser, sur l'un d'eux, pour un montant excédant la quote-part proportionnelle qui lui incombait, tant le propriétaire lésé que le créancier privilégié, dont le gage devient insuffisant pour le remboursement de la créance qui lui est due, peuvent exercer leur recours sur les autres objets jusqu'à concurrence du montant que respectivement leur propriété ou leur gage a dû payer en trop, en jouissant des mêmes droits dont s'est prévalu le créancier qui s'est fait rembourser sur l'objet en question.

ART. 283. — La demande en justice pour le remboursement d'une créance maritime, garantie par un privilège sur le navire ou le fret, peut être intentée tant contre le propriétaire du navire que contre le capitaine. Si un créancier autre que le propriétaire du navire ou le capitaine a un privilège sur des marchandises, la demande en justice peut être intentée contre le capitaine.

CHAPITRE XXII

Des demandes portées à l'étranger contre un Français, et des demandes d'exequatur de jugements étrangers.

France. 314. — Le juge français, sauf convention diplomatique contraire, conserve le droit de réviser les décisions étrangères dont on sollicite l'exequatur (Aix, 9 février 1888, *Rev. intern. du dr. marit.*, III, p. 683 ; Paris, 23 juin 1855, *D.* 55, 2, 220 ; Req. 28 juin 1881, *S.* 82, 1, 34 ; Desjardins, V, p. 120). Cet exequatur doit être demandé aux tribunaux civils (Aix, arrêt précité).

Le juge français doit examiner si le tribunal qui a statué a été valablement saisi.

Si l'abordage a eu lieu en pleine mer, la juridiction étrangère est incompétente pour juger des Français auxquels le bénéfice de la loi nationale doit être réservé, sauf renonciation de leur part (Paris, 28 janvier 1885, cité par Vincent et Pénaud, v° *Abordage*, n° 137).

Une condamnation correctionnelle prononcée par un tribunal italien à l'encontre du capitaine du navire abordé, dans l'espèce un navire français, à raison d'un abordage survenu en haute mer, est rendue par un juge incompétent. Elle ne saurait être rendue exécutoire en France, et constituer par suite la chose jugée (Aix, 24 mars 1885, *Rev. intern. du dr. marit.*, I, p. 41).

La Cour d'appel saisie d'une demande tendant à rendre exécutoire en France, une décision émanant des autorités judiciaires italiennes, doit examiner si cette décision ne viole pas une règle d'ordre public. En conséquence ne doit pas être rendue exécutoire en France le jugement italien qui refuse à tort au propriétaire d'un navire la faculté de faire l'abandon prévu par l'article 216 du Code de commerce, en appréciant en dehors des hypothèses prévues par la loi française qu'il y a eu engagement personnel de sa part (Aix, 8 nov. 1887, *Rev. intern. du dr. marit.*, IV, p. 654).

Sur les conditions de l'*exequatur* entre la France et l'Italie
en vertu du traité de 1760 et de la déclaration du 1er septembre 1860, consulter: Vincent et Pénaud, v° *Jugement étranger*,
n° 271 et s.

Un jugement rendu à l'étranger contre un Français, même
lorsqu'il s'est défendu, ne peut lui enlever le droit de saisir du
litige les juges français, lorsque ce n'est pas volontairement
et de son plein gré qu'il a comparu devant la juridiction étrangère (Cass., 11 déc. 1860, *S.* 1861, 1, 331 et 336; 28 juin 1881,
S. 1882, 1, 34. Voir Vincent et Pénaud, v° *Compétence en
matière civile*).

Mais après avoir acquiescé au jugement étranger, il n'est
plus permis de contester la compétence et de saisir la juridiction française (Havre, 9 octobre 1876, Clunet, 76, p. 354).

Les articles 435 et 436 ne sont pas applicables lorsqu'il
s'agit d'une demande d'*exequatur* d'un jugement rendu sur
un abordage entre étrangers, dans des eaux étrangères, par
un tribunal étranger seul compétent (Aix, 9 février 1888, *Rev.
intern. du dr. marit.*, III, p. 683).

Allemagne. 315. — L'exécution forcée des jugements rendus
en pays étranger (1) n'a lieu en Allemagne, d'après le Code de
procédure civile, que lorsqu'elle a été déclarée admissible par
un jugement d'*exequatur* (2).

Pour obtenir cette déclaration d'admissibilité, il faut introduire une demande expresse.

Bien que le jugement d'exécution doive être rendu sans

---

(1) Il faut entendre par là les tribunaux de tous les pays autres que
ceux qui composent l'empire d'Allemagne. Les États faisant partie de
cet empire forment ce qu'on appelle l'Intérieur (*Inland*). D'après le Code
d'organisation judiciaire de 1877, les jugements rendus en matière civile
par les tribunaux de ces États sont directement et de plein droit exécutoires dans toute l'étendue de l'empire d'Allemagne. Voir Keyssner, Clunet, 1882, p. 25.

(2) Art. 660. — Le jugement d'un tribunal étranger ne sera mis à exécution qu'autant que cette exécution aura été déclarée admissible par un
jugement d'exécution (*Vollstreckungsurtheil*).

Art. 661. — Le jugement d'exécution sera rendu sans que le tribunal
ait à examiner si la décision est conforme à la loi. Le jugement ne sera
pas rendu:... 5° Lorsque la réciprocité ne sera pas garantie.

qu'il y ait à examiner si la décision est conforme à la loi, l'admissibilité est cependant subordonnée à tant de conditions qu'en général il est fort difficile de réussir dans ces sortes de demandes.

Entr'autres exigences, l'art. 661, § 5 du Code de procédure civile veut « que la réciprocité soit garantie », c'est-à-dire qu'un jugement allemand ayant force de chose jugée puisse recevoir exécution dans le pays où le jugement en question a été rendu, aussi bien qu'en Allemagne.

Consulter sur cette question les articles parus dans Clunet, 1884, p. 43, p. 600 ; 1883, p. 239 ; 1882, p. 25.

Angleterre. 316. — La demande *d'exequatur* y est inconnue, et le jugement d'un tribunal étranger ne peut être rendu exécutoire que par une instance nouvelle ; il s'agit uniquement de savoir sous quelles conditions le juge anglais accepte le jugement étranger et jusqu'à quel point il doit refuser de réviser le fond. Beaucoup de jurisconsultes distinguaient jadis entre les jugements *in rem*, qui semblaient devoir être reconnus comme définitifs, et les jugements *in personam*, qui paraissaient dépourvus de force obligatoire hors du pays où ils avaient été prononcés. Story combattit cette distinction et les tribunaux finirent par décider que les décisions étrangères, même *in personam*, devaient être réputées définitives. Mais cette règle comporte un certain nombre d'exceptions que M. Alexandre classe sous trois chefs principaux : 1º vérification de la compétence du tribunal étranger qui a statué ; 2º prédominance de certaines règles universelles de la justice internationale, telles que la bonne foi des juges et la régularité des citations ; 3º considérations d'ordre public et de bonnes mœurs.

Consulter sur cette question : Desjardins, V, p. 122 ; Clunet, 1878, p. 30 ; 1879, p. 147 ; 1883, p. 34 ; F. T. Pigott, *The Law and practice relating to foreign judgments*, London, 1884 ; Selim, *Aperçu de la loi anglaise*, p. 290.

Mais le sujet étranger qui s'est défendu contradictoirement à l'étranger ne peut plus soulever devant un juge anglais l'exception d'incompétence du magistrat étranger (Haute Cour de justice, div. du Banc de la Reine, 4 fév. 1886, *Rev. intern. du dr. marit.*, I, p. 638).

Argentine (République). 317. — Les sentences rendues à l'étranger sont accueillies et exécutées par les tribunaux argentins, dans la forme et mesure fixées par les traités s'il en existe, et, s'il n'en existe aucun, dans les cas suivants :

1º Si la sentence se réfère à l'exercice d'un droit personnel et n'affecte pas un bien immeuble situé dans la République ;

2º Si la sentence n'a pas été rendue par défaut, quand la partie condamnée a son domicile dans la République ;

3º Si l'obligation qui a donné lieu à la sentence exécutoire est valable d'après les lois argentines ;

4º Si enfin elle est présentée en instrument authentique revêtu en outre des légalisations qui lui donnent notoriété dans la République (Daireaux, *Bulletin de la Société de législation comparée*, XIV, p. 219).

Autriche. 318. — L'Autriche admet en règle générale que ses tribunaux n'ont pas à réviser les sentences des juges étrangers. Aux termes des lois et des décisions ministérielles la juridiction saisie de la demande *d'exequatur* examine : si le jugement émane d'un tribunal compétent, s'il a été rendu dans les formes, s'il a acquis force de chose jugée. Elle doit, en outre, vérifier s'il ne consacre pas une injustice *évidente*. Enfin l'*exequatur* ne peut être donné que si la nation étrangère accorde la réciprocité aux sentences des juges autrichiens.

Voir sur cette question l'article de M. Porlitz, avocat à Trieste, Clunet, 1877, p. 210.

Belgique. 319. — Art. 10 du Code de procédure du 25 mars 1876.

Les tribunaux civils connaissent des décisions rendues par les juges étrangers en matière civile et commerciale.

S'il existe entre la Belgique et le pays où la décision a été rendue, un traité conclu sur la base de la réciprocité, leur examen ne portera que sur les cinq points suivants :

1º Si la décision ne contient rien de contraire à l'ordre public, aux principes de l'ordre public belge ;

2º Si, d'après la loi du pays où la décision a été rendue, elle est passée en force de chose jugée ;

3º Si d'après la première loi, l'expédition qui en est produite réunit les conditions nécessaires à son authenticité ;

4º Si les droits de la défense ont été respectés ;

5° Si le tribunal étranger n'est pas uniquement compétent à raison de la nationalité du demandeur.

Voir sur cette question l'article de M. Humblet, avocat à Liège, Clunet, 1877, p. 339.

Brésil. 320. —Il acte spécial de 1878 et le décret de 1880 consacrent le droit de révision découlant du principe de la souveraineté.

Danemark. 321. — Celui qui a obtenu le jugement d'un tribunal étranger et qui voudrait en poursuivre l'exécution en Danemark est obligé, pour atteindre ce but, de se pourvoir dans la forme ordinaire devant les tribunaux danois (abstraction faite de la convention suédo-danoise du 25 avril 1861). Toutefois ceux-ci n'examinent, en principe, d'après l'opinion la plus généralement admise, ni le fond de l'affaire ni la procédure qui a été suivie devant la juridiction étrangère.

Voir sur cette question l'article de M. Goos, professeur à l'Université de Copenhague, Clunet, 1880, p. 368.

Egypte. 322. – Art. 488 du Code de procédure : « Les jugements rendus à l'étranger par un tribunal étranger seront exécutoires en Égypte, sur simple ordonnance du président du tribunal, à charge de réciprocité. »

Consulter sur cette question l'article de M. Vidal, dans Clunet, 1887, p. 280.

Espagne. 323. — L'exécution des jugements rendus par les tribunaux étrangers constitue une innovation qui a été introduite en Espagne par le Code de procédure civile de 1855. Cette exécution doit être régie par les traités internationaux, s'il y en a; en l'absence de tout traité diplomatique sur la matière, les tribunaux espagnols observent les règles de la réciprocité. S'il n'est pas possible de déterminer ces règles, le Code espagnol répute valable un jugement étranger, à condition : 1° qu'il soit rendu sur une action personnelle ; 2° qu'il n'ait pas été rendu par défaut ; 3° que l'obligation dont l'exécution est réclamée soit licite en Espagne ; 4° que le document qui contient le jugement réunisse les conditions d'authenticité requises en Espagne, ainsi que dans le pays où le jugement a été prononcé.

Quant à la procédure à suivre, il suffit de présenter au tribunal suprême de justice une expédition du jugement dont on demande l'exécution, en y joignant la traduction officielle en espagnol. Ces pièces doivent être accompagnées d'un exposé succinct signé par un avocat et un avoué, établissant que le jugement en question réunit les conditions stipulées par le Code de procédure. Le défendeur a un délai de 30 jours pour présenter des observations écrites.

Voir à ce sujet l'article de M. Silvela, Clunet, 1881, p. 20 et s.

États-Unis. 324.—On adopte généralement aux États-Unis, surtout dans l'État de New-York, l'avis embrassé par lord Kenyon, lord Ellenborough et Story. Les tribunaux y donnent aux jugements étrangers leur plein et entier effet, à moins qu'ils ne soient attaqués pour fraude. Cependant il ne faut pas croire qu'ils ordonnent l'exécution des jugements étrangers comme ils le feraient pour des sentences rendues par les juges américains. Il n'y a d'exécutoire aux États-Unis que les jugements rendus par les tribunaux des États-Unis. Donc il faut intenter une action non sur l'objet de la réclamation, mais sur le jugement lui-même, établir qu'il a été rendu par un tribunal compétent, que le défendeur a été personnellement cité, que le jugement a été régulièrement rendu et est en pleine force (Desjardins, V, p. 123).

Voir sur cette question l'article de MM. Coudert frères, avocats à New-York, Clunet, 1879, p. 21.

Italie. 325. — Il n'existe aucune différence au point de vue des jugements étrangers entre les sentences rendues en faveur d'un national et celles qui sont rendues contre lui.

L'examen du fond est écarté d'une façon absolue et sans condition de réciprocité. Ce principe résulte des règles posées par la législation au sujet de l'examen auquel doit procéder la Cour avant d'accorder l'*exequatur* dans l'instance dite de *délibation*.

ART. 941 du Code de procédure civile. — La force exécutoire est donnée aux sentences des autorités judiciaires étrangères par la Cour d'appel dans la juridiction de laquelle elles doivent être exécutées, à la suite d'une instance en *exequatur* (*giudicio di delibazione*) dans laquelle la Cour examine :

1º Si la sentence a été prononcée par une autorité judiciaire compétente ;

2° Si elle a été prononcée les parties régulièrement citées ;

3° Si les parties ont été légalement représentées ou légalement défaillantes ;

4° Si la sentence contient des dispositions contraires à l'ordre public intérieur du royaume.

ART. 10 du Code civil. — La compétence et les formes des procédures sont réglées par la loi du lieu où se poursuit l'instance.

Les voies d'exécution des actes et des sentences sont réglées par la loi du lieu où l'on procède à l'exécution.

ART. 12 du Code civil. — Dans aucun cas les lois, les actes et les sentences d'un pays étranger, et les dispositions et les conventions privées ne pourront déroger aux lois prohibitives du royaume qui concernent les personnes, les biens ou les actes, ni aux lois concernant en quelque manière l'ordre public et les bonnes mœurs.

Voir du reste sur cette question un article de M. Pasquale Fiore, Clunet, 1878, p. 235, et un article de M. Chrétien, *ibid.*, 1886, p. 667. Voir également un article de M. Vidal, *ibid.*, 1877, p. 513. Voir enfin l'arrêt de la Cour de cassation de Rome, du 26 avril 1889, *Rev. intern. du dr. marit.*, V, livr. VII-VIII.

Signalons pourtant que la jurisprudence italienne en se livrant à l'examen de la compétence du magistrat qui a rendu la décision dont on sollicite l'*exequatur* (art. 941, Pr. civ. ital.) ne reconnait pas la compétence exceptionnelle résultant pour les Français de l'art. 14 de notre Code civil. Elle considère que des conventions diplomatiques ne peuvent porter atteinte aux principes généraux de compétence posés par l'art. 12 des dispositions préliminaires du Code civil et de l'art. 105 du Code de procédure civile italien. (Voir Rassegna, *Digesto*, 1884, p. 55, n° 202 ; App. Naples, 30 déc. 1881, *ibid.*, p. 31, 2, p. 100.)

Un arrêt de la Cour d'appel de Gênes, du 18 décembre 1883 (*Giur. Ital.*, XXXVI, 102), décide pourtant que dans les sentences d'*exequatur* la compétence du tribunal étranger est déterminée par la loi de l'État où ce tribunal fonctionne. Rapprocher Turin, 16 juillet 1886, Rassegna, 1886, p. 31, n° 149.

Monaco. 326. — ART. 232 du Code de procédure :

Les jugements rendus et les actes passés en pays étranger ne seront exécutoires dans la principauté et sur les biens qui

y sont situés ou en proviennent, qu'en vertu de l'ordonnance
spéciale du prince, sur le rapport qui lui en sera rendu par
l'avocat général.

Voir sur cette question l'article de M. de Loth, avocat à
Monaco, Clunet, 1877, p. 123.

Pays-Bas. 327. — ART. 431 du Code de procédure civile. —
Hors les cas expressément prévus par la loi, les jugements rendus par les juges ou tribunaux étrangers ne seront pas exécutoires dans le royaume. Les procès pourront être de nouveau in-
tentés devant le juge néerlandais et jugés par lui. Dans les cas
d'exception mentionnés ci-dessus, le jugement des tribunaux
étrangers ne sera exécutoire dans le royaume qu'après avoir
été, sur requête, déclaré exécutoire par le tribunal de l'arron-
dissement dans lequel le jugement doit être exécuté. La requête
est présentée et la déclaration accordée sans qu'il y ait lieu
à un nouvel examen de la cause que regarde le jugement.

Voir sur cette question l'article de M. Godefroi, ancien ministre des Pays-Bas, Clunet, 1879, p. 369.

Pérou. 328. — La législation péruvienne est à peu près
muette sur ce point. On induit cependant de l'art. 5 du titre préliminaire du Code civil qu'il est impossible d'exécuter au Pérou
un jugement étranger portant sur les biens immobiliers, puis-
que les lois de la république peuvent seules affecter ces biens.

D'autre part, l'art. 942 du Code de procédure maintient à cet
égard les procédures établies par les traités et par l'usage. Cet
usage distingue les sentences définitives qui, dûment légalisées,
produiraient des effets comme moyens de preuve, à condition
qu'un traité autorise cette exécution ; les mesures de pure
instruction qui s'exécuteraient sans difficulté au moyen de
commissions rogatoires ; enfin les décisions entraînant quel-
ques charges, qui ne pourraient être exécutées qu'en l'état d'un
traité et à condition qu'un des nationaux du pays qui demande
rait l'exécution y eût un intérêt.

De toutes façons, il faudrait obtenir l'*exequatur*.

Portugal. 329. — Les art. 1087 à 1090 du Code de procédure
civile de 1876 posent des principes analogues à ceux résultant
de la législation française. Voir également : Trib. sup. Lisbonne, 28 novembre 1884 ; *O Direito* (Lisboa), XVII, 390.

Russie. 330. — Code de procédure civile. — ART. 1273. — Les jugements rendus par des juridictions étrangères obtiennent l'exécution conformément aux règles établies par des traités et conventions réciproques. A défaut de semblables traités et conventions, les dispositions contenues dans les paragraphes suivants doivent être observées.

ART. 1274. — Les jugements définitifs rendus par des juridictions étrangères sont admis à exécution, alors seulement que cette exécution a été autorisée par une décision passée en force de chose jugée et émanée d'une juridiction russe.

ART. 1275. — La requête en exécution d'un jugement définitif rendu par une juridiction étrangère doit être portée devant le tribunal du cercle (Bezirksgericht), dans le ressort duquel cette exécution doit être poursuivie.

ART. 1276. — A cette requête doivent être joints :

1° Une copie du jugement à exécuter, délivrée et légalisée par la juridiction qui l'a rendu, avec l'attestation de cette même juridiction que ce jugement est définitif et exécutoire. Cette copie doit porter en outre une attestation semblable de l'ambassade ou du consulat russe, et la signature de ces derniers doit être légalisée par le ministère russe des affaires étrangères ;

2° Une traduction en langue russe du jugement et des autres mentions, et trois copies de ces documents.

ART. 1277. — Le défendeur est cité suivant les formes ordinaires.

ART. 1278. — La demande d'exécution d'un jugement rendu par un tribunal étranger est instruite sommairement.

Consulter sur cette question, Clunet, 1884, p. 44 et 113.

ART. 1279. — Dans l'examen de ces sortes d'affaires, les juridictions russes n'ont en aucune manière à porter leur attention sur le fond même du procès déjà jugé par le tribunal étranger, mais seulement à voir si le jugement ne contient pas de dispositions contraires au droit public et aux lois de l'empire russe.

ART. 1280. — Les jugements et décisions rendus d'après les principes exposés plus haut seront admis à une exécution immédiate d'après les règles établies pour l'exécution des jugements définitifs rendus par les tribunaux russes.

Art. 1281. — Les jugements étrangers ne sont pas admis à exécution et n'ont aucune force dans l'empire russe, lorsqu'ils contiennent des dispositions statuant sur des prétentions relatives à la propriété de biens immobiliers situés en Russie.

Roumanie. 331. — Art. 374 du Code de procédure. — Les décisions judiciaires rendues en pays étranger ne peuvent être exécutées en Roumanie que de la manière dont les sentences roumaines sont exécutées dans le pays en question, et pourvu qu'elles soient déclarées exécutoires par les juges roumains compétents.

Consulter sur cette question l'article de M. Beauchet, dans Clunet, 1885, p. 537.

Suède. 332. — Faute de convention de réciprocité entre la Suède et les autres États de l'Europe (la convention suédo-danoise du 25 avril 1861 exceptée), le juge suédois conserve, comme le juge français, le droit de réviser le fond du litige (arrêt de la Cour suprême de Suède du 25 janvier 1871. Voir l'article de M. d'Olivecrona, dans Clunet, 1880, p. 83).

Vénézuéla. 333. — L'art. 553 du Code de procédure civile de 1873 pose des principes analogues.

Formule de protestation.

L'an..... et le..... (1)
à la requête du capitaine..... (2)
commandant le navire..... (3) actuellement ancré dans le port de......

Nous .... (4)

Avons signifié et déclaré au capitaine....,. (5)
commandant le navire....... (6) :

Que le requérant proteste contre l'abordage dont le navire qu'il commande a été victime de la part du navire commandé par le susnommé, par le motif que le dit abordage est dû à la faute du navire..... (6) notamment..... (7) ;

Lui déclarant que le requérant fait réserve de ses droits et de tous ceux engagés dans le navire et l'expédition pour les faire valoir en temps et lieu ;

Et avons au capitaine..... (5) remis copie du présent, parlant à..... (8).

(1) Date de l'année, du mois, du jour, en indiquant l'heure ou le motif pour lequel le capitaine n'a pu agir dans les 24 heures (voir p. 67, n° 69 et suiv.).

(2) Nom du capitaine ou de l'officier qui signifie la protestation quand le capitaine a disparu. (Voir p. 63, n° 25.)

(3) Nom du navire abordé.

(4) Nom de l'huissier ou de l'officier public compétent qui signifie la protestation. (Voir p. 63, n° 27, 28 et p. 66, n° 35.)

(5) Nom du capitaine abordeur, ou du navire quand le capitaine est inconnu.

(6) Nom du navire abordeur.

(7) Indication sommaire des circonstances dont on fait résulter l'abordage.

(8) Indication de la personne à qui est remise la copie de la protestation. (Voir p. 65, n°s 30 et 31).

TABLE DES MATIÈRES

HAVRE. — IMPRIMERIE DU COMMERCE, 3, RUE DE LA BOURSE.

REVUE INTERNATIONALE

DU

DROIT MARITIME

Recueil de Jurisprudence, de Doctrine et de Législation comparée

FONDÉE EN 1885

Principaux collaborateurs :

B. ABRAM, ancien bâtonnier, (Aix) ; ASPE-FLEURIMONT, agréé, (Bordeaux) ; C. D. ASSER, avocat, (Amsterdam) ; BERDAUT, avocat, (Constantinople) ; BEAUCHET, professeur à la Faculté de droit, (Nancy) ; BENSA, avocat, (Gênes) ; BONTOUX, avocat, (Marseille) ; BOURCART, agrégé à la Faculté de droit, (Nancy) ; CAVROIS, ancien bâtonnier, (Dunkerque) ; DE COUBRY, administrateur de la Compagnie Générale d'Assurances Maritimes, (Paris) ; DANJON, professeur à la Faculté de droit, (Caen) ; DESJARDINS, avocat général à la Cour de Cassation, (Paris) ; GÉNEVOIS, ancien bâtonnier, (Nantes) ; GOVARE, avocat, (Dunkerque) ; GRANDMAISON, avocat, (le Havre) ; HARRINGTON PUTNAM, avocat, (New-York) ; ISRAELS, avocat à la IIIe Cour des Pays-Bas, (Paris) ; JACOBS, avocat, ministre d'État, (Bruxelles) ; KEHAM, attorney, (New-York) ; LAURIN, professeur à la Faculté de droit, (Aix) ; LEBANO, avocat, (Naples) ; MARTELUNCK, avocat, (Anvers) ; MARAIS, ancien bâtonnier, (Rouen) ; MARTINEAU DES CHESNEZ, juge suppléant, (Tunis) ; MASSON, agréé, (Rouen) ; MATESI, avocat, (Syra) ; MAZERAT, sous-commissaire de la marine, (Toulon) ; NAERAT, avoué à la Cour, (Bordeaux) ; OUWERX, avocat, (Bruxelles) ; PADOA-BEY, avocat, (Alexandrie) ; PÉNIE, avocat, (Marseille) ; VALENSI, avocat, (Marseille) ; DE VALROGER, ancien président de l'ordre des avocats à la Cour de Cassation (Paris) ; DE VERNEUIL, avocat, (Marseille) ; VERNEAUX, avocat, (Paris) ; VIDAL-NAQUET, avocat, (Marseille).

La **REVUE INTERNATIONALE DU DROIT MARITIME** paraît tous les deux mois par livraison de six à huit feuilles et forme à la fin de l'année un fort volume in-8° terminé par six tables : tables des articles, analytique, chronologique, bibliographique, du nom des parties et des navires.

Les quatre premières années sont en vente.

France et Union postale, un an . . . . **15 fr.**

Paris, CHEVALIER-MARESCQ et Cie, 20, rue Soufflot ; Berlin, PUTTKAMMER et MUHLBRECHT ; Bruxelles, MERZBACH et FALK ; La Haye, BELINFANTE FRÈRES ; Londres, STEVENS AND SONS ; Rome, BOCCA FRÈRES ; Saint-Pétersbourg, librairie A. ZINZERLINO, et chez les principaux libraires de la France et de l'Étranger.

HAVRE. — IMPRIMERIE DU COMMERCE, 3, RUE DE LA BOURSE.